SEGURANÇA PÚBLICA
E VIOLÊNCIA:
o Estado está cumprindo seu papel?

Renato Sérgio de Lima
Liana de Paula
*(organizadores)*

SEGURANÇA PÚBLICA
E VIOLÊNCIA:
o Estado está cumprindo seu papel?

Copyright© 2006 Renato Sérgio de Lima e Liana de Paula
Todos os direitos desta edição reservados à
Editora Contexto (Editora Pinsky Ltda.)

*Imagem de capa*
Pâmela Sarabia, "Implosão do Carandiru".

*Montagem de capa*
Antonio Kehl

*Diagramação*
Gustavo S. Vilas Boas

*Revisão*
Daniela Marini Iwamoto
Ruth M. Kluska

Dados Internacionais de Catalogação na Publicação (CIP)
(Câmara Brasileira do Livro, SP, Brasil)

Segurança pública e violência: o Estado está cumprindo
seu papel? / Renato Sérgio de Lima, Liana de Paula
(organizadores). – 2. ed., 1ª reimpressão – São Paulo :
Contexto, 2024.

Vários autores.
ISBN 978-85-7244-345-6
1. Comportamento humano – Aspectos sociais  2. Crimes –
Prevenção 3. Crimes contra a segurança pública  4. Segurança
pública – Brasil  5. Violência – Aspectos sociais  I. Lima, Renato
Sérgio de. II. Paula, Liana de.

06-6453                                   CDD-363.10981

Índices para catálogo sistemático:
1. Brasil : Segurança pública : Problemas sociais   363.10981

2024

Editora Contexto
Diretor editorial: *Jaime Pinsky*

Rua Dr. José Elias, 520 – Alto da Lapa
05083-030 – São Paulo – SP
PABX: (11) 3832 5838
contato@editoracontexto.com.br
www.editoracontexto.com.br

Proibida a reprodução total ou parcial.
Os infratores serão processados na forma da lei.

# SUMÁRIO

| **Introdução** | .................................................................................... 7
Renato Sérgio de Lima e Liana de Paula

| **Prisões e política carcerária** | ............................................. 15
Fiona Macaulay

| **Encarceramento de adolescentes: o caso Febem** | ................ 31
Liana de Paula

| **Inteligência policial e crime organizado** | ........................... 41
Guaracy Mingardi

| **Segurança, justiça e direitos humanos no Brasil** | ................ 53
Paulo de Mesquita Neto

| **Direitos humanos na polícia** | ............................................... 65
Jacqueline Muniz

| **Prevenção de crimes urbanos: o Programa** *Fica Vivo* | ........ 77
Andréa Silveira, Bráulio Silva
e Cláudio Beato

| **Os municípios e a segurança pública** | ................................. 89
Paula Miraglia

| **Violência: um problema de saúde pública** | .........................101
Maria Fernanda Tourinho Peres

| **Dos direitos da mulher à defesa da família** | ...................................113
Guita Grin Debert

| **Conflitos agrários: lutas e corpos na terra** | ......................................125
José Vicente Tavares-dos-Santos

| **Reforma da justiça: os Centros de Integração da Cidadania** | ....139
Jacqueline Sinhoretto

| **Medo, violência e insegurança** | .......................................................151
Sérgio Adorno e Cristiane Lamin

| **Os autores** | ........................................................................................ 173

# INTRODUÇÃO

*Renato Sérgio de Lima*
*Liana de Paula*

Medo, crises recorrentes na segurança pública, rebeliões em presídios, crescimento da criminalidade organizada, sensação de desconfiança e falência da justiça, persistência de situações de conflitos agrários e de violência doméstica, envolvimento de jovens com o crime, entre várias outras manifestações, compõem muito daquilo que hoje é associado ao debate sobre violência no Brasil. Todos esses fatos e os seus impactos têm ramificações profundas no modo como o Estado se organiza.

Compreender e discutir tal cenário são os objetivos deste livro. Num esforço de síntese e divulgação da produção nacional na área, parte significativa das questões envolvidas com o tema no país pôde ser reunida nos vários capítulos que compõem esta obra. A proposta foi analisar como o Estado, em suas múltiplas esferas e poderes, tem atuado para enfrentar o fenômeno da violência criminal no país, com destaque para as décadas posteriores a 1980. Fonte de temor e preocupação da população, a violência tem sido estudada sob diferentes enfoques pelas Ciências Humanas, e o papel que as políticas públicas desempenham no seu controle faz da questão uma das principais agendas políticas do país hoje.

Por um lado, a ideia foi reunir autores que sejam pesquisadores da área e que tenham (em muitos casos) experiência na gestão pública da segurança no Brasil, tornando possível uma aproximação do universo acadêmico com o da administração pública brasileira. Por outro lado, todos os capítulos estão baseados na aposta da democracia como pressuposto mais eficiente para o controle da violência na sociedade brasileira contemporânea.

O fio condutor das discussões é a construção do Estado democrático e de direito no Brasil, principalmente diante dos desafios colocados após a década de 1980, momento de grande efervescência política em torno da afirmação e da garantia de direitos. Esse momento é fundamental tanto para se entender os projetos de democratização do Estado brasileiro quanto para se discutir os obstáculos – muitas vezes quase intransponíveis – à efetivação e consolidação das conquistas obtidas. Como exemplos dessas conquistas, podemos lembrar que a criação das primeiras delegacias especiais de defesa da mulher, em 1986, a promulgação da Constituição Federal, em 1988, e do Estatuto da Criança e do Adolescente, em 1990, foram resultado das lutas dos movimentos sociais da época.

Em muito derivadas do debate sobre direitos humanos, tais êxitos políticos foram, aos poucos, provocando discussões para as várias faces da violência, incluindo o recente interesse em torno do papel dos municípios na segurança pública. Como consequência, inúmeras questões puderam ser investigadas e várias pautas ganharam o benefício da transparência, influenciando a agenda das políticas públicas no período. A violência deixou de ser um tema de fronteira.

Uma questão interessante é que estatísticas na área são produzidas desde o Império, ao contrário do que mídia e opinião pública propagam. No entanto, apenas possuir esses dados não garante informação e conhecimento qualificados. Dessa forma, no campo das políticas públicas há atualmente grande volume de discussões e experimentos no planejamento e execuções das ações de prevenção e repressão à violência, mas, ao que tudo indica, sem gerar soluções satisfatórias. Como resultado, ações "espetaculosas" são mobilizadas e os principais problemas do modelo de organização do sistema de justiça criminal e da pouca participação da sociedade deixam de ser considerados urgentes e politicamente pertinentes.

Em outras palavras, não obstante a violência ter se transformado numa preocupação da academia e das políticas públicas, muitas são as zonas de sombra que ainda necessitam de luzes e, portanto, justificam a permanência dos esforços de pesquisa e disseminação. Como exemplo, a recente queda de homicídios – iniciada em 1999 em São Paulo e, em 2003, nos demais estados – provoca dúvidas sobre a tendência da criminalidade violenta e suscita, conforme a fonte e o período de análise utilizados, diferentes abordagens e leituras. Ou seja, para alguns autores os homicídios crescem, se observados períodos longos de tempo. Para outros que consideram os últimos cinco anos, esses crimes caem e indicam a diminuição da violência no Brasil, mesmo que, teoricamente, isso não signifique a redução do medo, que não necessariamente está associado ao movimento da criminalidade.

INTRODUÇÃO

Assim, um olhar sobre eficácia e eficiência das práticas públicas e privadas em relação ao tema parece ser, em grande medida, uma "nova velha" fronteira do conhecimento a ser explorada; uma forma de contribuição ao desenvolvimento de uma consciência crítica. Nessa direção, os textos aqui apresentados refletem sobre os processos sociais que conformam o nosso modelo de justiça criminal e analisam políticas públicas que mobilizam os esforços do Estado brasileiro em torno do crime e da violência.

Fiona Macaulay abre o livro com uma análise da questão carcerária considerada, contemporaneamente, um dos grandes dilemas do Estado democrático de direito em garantir justiça e segurança. A partir do exemplo do sistema carcerário paulista, a autora examina as origens do Primeiro Comando da Capital (PCC), em São Paulo, e faz uma radiografia do sistema carcerário brasileiro e das políticas públicas a ele relacionadas. Nesse sentido, a partir de uma abordagem sistêmica, o capítulo discute as questões de eficiência, eficácia e efetividade de nosso sistema carcerário, mostrando os equívocos de gestão e suas consequências desastrosas para a administração pública e para a sociedade brasileira. As consequências são conhecidas por todos no Brasil e são fontes de preocupação sobre os rumos a serem seguidos pelos dirigentes governamentais. Assim, mais prisões, segundo a autora, não são a solução para os nossos tão candentes desafios na segurança pública.

Liana de Paula apresenta, no capítulo "Encarceramento de adolescentes: o caso Febem", o colapso do modelo de encarceramento de adolescentes a partir dos impactos não somente dos movimentos de defesa dos direitos da criança e do adolescente, mas também do próprio esgotamento do modelo em termos de administração. Por meio de uma recuperação dos processos históricos e políticos que definiram a atuação pública em relação ao problema da violência juvenil, a autora discute a pertinência de modernização dos modelos tradicionais como a Febem, em São Paulo, ou, ao contrário, a sua extinção e a inauguração de uma nova proposta político-pedagógica que considere unidades menores e que separem os adolescentes de acordo com o tipo e a gravidade do ato infracional cometido.

Por falar em instituições prisionais e de adolescentes em conflito com a lei, organizações criminosas como o Comando Vermelho, no Rio de Janeiro, e o PCC, em São Paulo, desafiam a capacidade do Estado de gerir a questão do crime organizado de forma democrática. É nessa linha tênue que divide o democrático e o autoritário que transita o tema do capítulo sobre o uso da inteligência policial na investigação, prevenção e repressão do crime organizado. Ao contrário do que se poderia supor, Guaracy Mingardi demonstra como é possível às instituições do sistema de justiça a criação de um sistema de inteligência capaz de obter informações criminais de forma lícita, analisá-las de modo a compreender o funcionamento das organizações criminosas e, assim, elaborar estratégias eficientes de controle do crime organizado. O autor diferencia inteligência policial da inteligência de Estado, demonstrando que pouco foi feito para se fomentar a implementação da primeira no país.

Paulo de Mesquita Neto faz um balanço da emergência e do impacto dos direitos humanos na forma de organização do Estado, tanto no Brasil quanto no mundo. O autor parte de uma questão sobre a contribuição dos direitos humanos no controle e prevenção da violência e afirma que o sucesso e a sustentabilidade de leis e políticas de controle e prevenção do crime e da violência dependem da efetividade das garantias dos direitos humanos fundamentais, estabelecidos na constituição brasileira e nos pactos e convenções internacionais. Em outras palavras, os problemas de segurança pública, justiça criminal e administração penitenciária são reconhecidos como problemas do Estado brasileiro e não de governos, partidos políticos ou empresas privadas.

Na perspectiva da reflexão sobre prevenção e formas de atuação institucional, Jacqueline Muniz trará à tona um olhar sobre as polícias militares e o seu papel junto à população. Partindo da experiência de tentativa de mudança do Regimento Disciplinar da Polícia Militar do Rio de Janeiro, o capítulo aborda um dos grandes gargalos para a plena garantia dos direitos humanos no Brasil: a resistência dos policiais em implementar essa garantia em suas práticas cotidianas. De forma intrigante, Jacqueline Muniz aponta a existência de um descompasso entre a histórica luta pelos direitos humanos dos presos e a quase invisível luta pelos direitos humanos dos policiais. Sujeitos, muitas vezes, a arbitrariedades de seus superiores, esses policiais são compelidos a jogar o jogo institucional que mescla hierarquia militar e favores pessoais e faz com que a ordem institucional seja mantida por acordos tácitos e extraoficiais. A autora oferece uma visão de como investir na qualificação profissional de modo a garantir uma polícia democrática e eficiente.

Mudando o foco para a cidade, Cláudio Beato, Andréa Silveira e Bráulio Silva abordam as especificidades da criminalidade urbana, que envolve, muitas vezes, o tráfico e uso de drogas e álcool e o fácil acesso a armas de fogo. O rápido crescimento do número de homicídios nos centros urbanos após a década de 1980 e o fato de a vitimização ser maior na população jovem do sexo masculino são fenômenos sociais que têm preocupado pesquisadores das áreas de segurança e saúde pública e desafiado a atuação dos gestores públicos na criação e implementação de políticas efetivas. Assim, o capítulo enfoca e avalia o desenho e implementação de políticas preventivas a partir do exemplo

## INTRODUÇÃO

do programa Fica Vivo, cujo objetivo central era a redução do número de homicídios na cidade de Belo Horizonte. Nesse capítulo, a ideia é avaliar e disseminar um projeto de integração de esforços e valorização dos recursos policiais em Minas Gerais.

Ainda no campo do urbano, o debate dos anos recentes legitimou a presença de um ator institucional que quase sempre era esquecido nas discussões sobre violência. Trata-se dos municípios, que sempre colaboraram com as polícias na oferta de infraestrutura básica de atuação dessas últimas, mas poucos eram ouvidos sobre os rumos da segurança pública. No texto em questão, Paula Miraglia apresenta o caso do município de Diadema, que ocupava, em 1999, o primeiro lugar no ranking das cidades mais violentas do país e, após uma série de ações da prefeitura, passou a ser referência na área de prevenção por ter conseguido reduzir suas taxas de violência. O capítulo salienta, por conseguinte, a importância da atuação do governo municipal como esfera essencial na prevenção à violência por meio da adoção de políticas urbanas e sociais, tais como o fechamento de bares após um determinado horário e os projetos sociais voltados para a população jovem. O município, portanto, é um ator fundamental no debate acerca da violência e não pode ser descartado dos esforços de "concertação" de ações, ou seja, de articulação e busca de consensos sobre os papéis de cada um dos atores sociais envolvidos.

Como consequência, outros olhares sobre a violência que não o penal permitem a otimização de esforços e políticas públicas. Maria Fernanda Tourinho Peres mostra o motivo de a violência dever ser tratada também como um problema de saúde pública. A autora discute o tema a partir de referências e dados de mortalidade, da morbidade e dos custos que a violência gera para o sistema de saúde (por exemplo, o grande número de internações devido a lesões causadas por projétil de arma de fogo). Nesse sentido, o capítulo salienta a importância da abordagem intersetorial como forma de enfrentar o problema no Brasil. Em outras palavras, o problema não deve ser tema exclusivo das instituições de justiça e demanda o esforço de articulação e integração de ações públicas, uma vez que, se tratada apenas nesta dimensão, muitas de suas manifestações acabam invisíveis.

Entre essas manifestações, Guita Grin Debert discute a implantação das delegacias especiais de defesa da mulher como política de afirmação de direitos e de construção da cidadania. Segundo a autora, as Delegacias de Defesa da Mulher (DDM) representavam a concretização dos esforços dos movimentos feministas em colocar a garantia dos direitos das mulheres na pauta do sistema de justiça. No entanto, pelas razões descritas no texto, as DDM correm o risco de se transformarem em "polícias da família", na medida em que o cotidiano e as diferentes formas de implementação desse equipamento no Brasil acabaram por reorientar o papel das delegacias no combate à violência em direção à proteção da família, e esse movimento não pode ser visto como isento ideológica e politicamente.

Já José Vicente Tavares-dos-Santos irá demonstrar que, diferentemente do que tem ocorrido em relação aos direitos da mulher e ou da criança e do adolescente, o direito à terra não parece ter causado grandes rupturas no *modus operandi* do sistema de justiça agrária no pós-ditadura. Como mostra o seu texto, o campo brasileiro vive hoje uma profunda contradição entre a modernização e a globalização da produção, com destaque para os agronegócios, e os conflitos relacionados à distribuição da terra. A violência rural em suas diferentes dimensões – ecológica, das relações produtivas e política, seja a violência nessa última física ou simbólica – adiam a garantia do direito à terra a um porvir incerto no processo de construção da democracia nacional. A questão agrária fica invisível e as polícias, por exemplo, são mobilizadas sem se saber ao certo como proceder nesses casos.

Até pelos resultados da trajetória descrita nos capítulos já mencionados, Jacqueline Sinhoretto, em outra perspectiva, foca a atuação dos operadores do direito e discute a tentativa de reforma do poder judiciário a partir da experiência de concepção e implementação dos Centros de Integração da Cidadania (CIC). Criados para aproximar os serviços de justiça e segurança da população periférica da cidade de São Paulo, os CIC têm apresentado, conforme o capítulo demonstra, uma trajetória de reinvenção constante de seus objetivos e práticas, seja pelas dificuldades inerentes às instituições do sistema de justiça de se tornarem acessíveis e inteligíveis aos menos favorecidos seja pela facilidade com que o termo "cidadania" pode ser apropriado e "resignificado" conforme as metas de curto prazo dos gestores públicos. Há a crença e a defesa na transformação da participação dos cidadãos no planejamento das políticas judiciais e de segurança, na cobrança de seus interesses e prioridades, na fiscalização da qualidade dos serviços, na reivindicação de direitos e deveres igualitários.

Diante desse quadro, medo e insegurança ganham centralidade, determinam comportamentos e ajudam na redefinição das paisagens urbanas das cidades. Sérgio Adorno e Cristiane Lamin no último capítulo discutem, nessa direção, como tais sentimentos são socialmente construídos e justificados. Eles irão demonstrar que o medo traduz o modo como lidamos, na contemporaneidade, com nossas angústias, incertezas e também com nossas crenças nas leis e na democracia.

## INTRODUÇÃO

Um Estado democrático, cujo acesso à justiça seja não só um direito mas também uma realidade para a população, e uma sociedade em paz, são desafios que o Brasil precisa enfrentar, sob o risco de se ver solapado em suas conquistas econômicas, políticas e culturais alcançadas nos últimos trinta anos. Nosso livro, mais do que esgotar as possibilidades de aproximação com o tema da violência ou defender um modelo determinado de funcionamento das instituições públicas, faz um exercício de reflexão sobre as práticas e saberes sobre justiça e segurança no Brasil. Esperamos, com isso, fomentar debates e, sobretudo, iniciar diálogos entre pesquisadores, policiais e outros operadores do sistema de justiça.

# PRISÕES E POLÍTICA CARCERÁRIA

*Fiona Macaulay*

### São Paulo mantida refém

No dia 12 de maio de 2006, a população de São Paulo se viu refém de uma rede criminosa que o sistema prisional deveria incapacitar. Paralisada e aterrorizada, a cidade testemunhou vários dias de violência e destruição sem precedentes, largamente orquestrada por trás das grades pela maior organização criminosa do estado, o Primeiro Comando da Capital (PCC). Os líderes do PCC, a maioria dos quais condenados a longos períodos em prisões de segurança máxima, usaram seu controle das prisões e acesso a telefones celulares contrabandeados por guardas corruptos ou parentes para dar início a uma série de rebeliões e capturas de reféns coordenadas em 82 prisões em todo o estado e em estados vizinhos, e para atacar alvos da justiça criminal e da economia da cidade. Uma semana depois, a contagem dos mortos estava em torno de 170 e subindo. A gangue matou 23 policiais militares, 7 policiais civis, 3 guardas civis metropolitanos, 8 agentes penitenciários e 4 civis; houve também morte de prisioneiros durante as rebeliões. Nas batidas policiais que se seguiram, 109 supostos membros do PCC foram mortos a tiros. Houve cerca de 300 ataques à propriedade, incluindo casas de 56 policiais, 17 bancos e caixas 24 horas, uma garagem de ônibus e uma estação de metrô, 82 ônibus foram queimados ou danificados em toda a cidade. Sob o peso da violência, na segunda-feira, dia 15 de maio, São Paulo se viu virtualmente

> paralisada quando o sistema de transporte público foi reduzido pela metade, causando quase 200 quilômetros de congestionamento; estabelecimentos comerciais e educacionais fecharam, e rumores de um grande arrastão ou de um toque de recolher varreram a cidade.
>
> Esse incidente ilustra graficamente a inabilidade do sistema prisional brasileiro em contribuir para a redução da violência e da criminalidade e em assegurar a segurança dos cidadãos brasileiros. Perversamente, esse sistema parece ter conseguido exatamente o contrário. A situação foi resultado de duas décadas de crescimento vertiginoso da população prisional, da perda do controle dos estabelecimentos penais por parte das autoridades públicas e da negligência institucional diante de um sistema prisional que exigia investimento e políticas coerentes.

## A explosão da população prisional

Entre 1995 e 2005, a população prisional no Brasil cresceu abruptamente de 148.760 para 361.402, mais do que o dobro em uma década. Isso foi acompanhado de um acentuado crescimento da taxa de encarceramento, de 95.5 para 190 por 100 mil habitantes. No entanto, em dezembro de 2005, o sistema prisional tinha capacidade para apenas 206.559 detidos, deixando um déficit de 154.843 vagas (Depen, 2006: 34). O problema é especialmente crítico em São Paulo, estado que tinha, então, 138.116 presos em detenção, com um déficit de 49.124 vagas (Depen, 2006: 31).

Esse aumento da população prisional, tanto em termos absolutos quanto em termos relativos, é menos o reflexo do crescimento das taxas criminais *per se* e mais o resultado de políticas de sentenças judiciais ou provimentos legais que aprisionam suspeitos e criminosos de forma rotineira. Essas são moldadas por uma ideologia prevalente de que a "prisão funciona" pela falta de alternativas. Por exemplo, muitos dos que lotam as cadeias brasileiras lá estão por crimes relacionados a drogas, que são relativamente de menor potencial ofensivo sob os termos da draconiana Lei de Crimes Hediondos, que intencionava reduzir o número de crimes gravemente violentos. A lei exige que os suspeitos sejam mantidos em prisão preventiva e proíbe a progressão de regime, e, portanto, constituiu um grande gargalo no sistema.

## As implicações das altas taxas de encarceramento

O sistema prisional disfuncional impingiu altos custos diretos e indiretos para a sociedade brasileira. Os custos diretos são mensuráveis em termos econômicos diretos. Manter um suspeito ou condenado na prisão é muito caro, mesmo que em condições precárias. O custo médio para providenciar uma nova vaga na prisão é em torno de quinze mil reais e o custo mensal para manter essa pessoa na prisão é de, pelo menos, oitocentos reais. Examinarei posteriormente neste capítulo se isso constitui uma maneira eficiente de o Estado brasileiro gastar seus recursos na prevenção da violência. O inchaço da população prisional pressionou enormemente as autoridades brasileiras, especialmente no nível estadual, que não conseguiram manter o ritmo de financiamento da construção, manutenção e dos recursos humanos de novas prisões.

Os custos indiretos são ainda mais alarmantes. Embora as prisões sejam instituições fechadas, elas são, não obstante, altamente permeáveis por causa do trânsito de internos, carcereiros, policiais e parentes. Por isso, a ideia de que o problema do crime e da violência pode ser seguramente trancado atrás das grades é equivocada. Prisões que são violentas e permeadas pelo crime encubam doenças, tanto infecções físicas quanto patologias sociais, que elas exportam para a comunidade circunvizinha, como demonstra a violência do PCC.

A superlotação das prisões e as condições de detenção – que são cruéis, desumanas e degradantes –, cominadas com a falta de controle do Estado, levaram os presos a se rebelarem, fazerem visitas e agentes penitenciários reféns e tentarem fugir, às vezes em massa. No final dos anos 1990, rebeliões e fugas ocorreram semanalmente nas prisões e delegacias de São Paulo. Em 1997, no Espírito Santo, um número impressionante de 63% dos detidos conseguiu escapar devido à combinação de falta de pessoal para uma estrutura prisional completamente destruída e a conivência de agentes penitenciários e policiais militares que guardavam as prisões (Macaulay, 2002; Anistia Internacional, 1999). Também houve casos de presos que cometiam crimes nas áreas próximas ao presídio durante a noite e, para lá voltando, usavam-no como álibi. Uma forma menos visível de "contaminação" ocorre por meio da disseminação de doenças – tais como aids e tuberculose, que continuam prevalecendo no sistema prisional – que podem então infectar a população em geral através das visitas familiares ou depois da soltura dos presos.

Talvez o aspecto mais perigoso dessa prática de encarceramento em massa, condições alarmantes de detenção e falta de regimes significativos de reabilitação é que ela torna mais fácil a grupos como o PCC recrutar seus membros. A oferta de milhares de novatos no sistema prisional garante ao PCC uma audiência cativa. As autoridades equivocaram-se ao dispersar os líderes do PCC em prisões de estados vizinhos, pois isso simplesmente facilitou a disseminação da organização criminosa. Ela agora também é ativa nos estados do Mato Grosso do Sul e Paraná, onde várias prisões juntaram-se à onda de rebeliões de maio.

O forte ressentimento que a população prisional em geral sente em relação ao sistema a tornou também simpática, receptiva a organizar gangues que são capazes de responder agressivamente às autoridades. Os altos níveis de superlotação carcerária, o déficit de funcionários e a falta de controle por parte das autoridades penais engendrou altos níveis de violência entre presos, bem como sérios abusos de direitos humanos por parte dos agentes penitenciários. No período de 1999 a 2005, 416 presos foram assassinados nas prisões paulistas, totalizando uma média de quase 60 casos por ano, e deve-se notar que esse é um dos poucos estados que relata e monitora esse tipo de informação. Mais de 300 presos morreram no país apenas no ano de 2002. Sua frustração também é exacerbada pela falta de acesso a advogados e de informação sobre sua situação jurídica e a morosidade e os erros da justiça, que resultam na manutenção de prisões preventivas, as quais podem somar mais tempo de detenção do que o decretado em suas sentenças, na manutenção da detenção para além de suas datas de soltura ou na negação de benefícios como a progressão de regime, devido à falta de vagas nos regimes abertos, assim violando seu direito ao devido processo.

As consequências diretas dessa insegurança e raiva podem ser vistas na história do PCC, que foi fundado na Casa de Custódia de Taubaté, em São Paulo, em 1993, como um sindicato de presos para demandar melhores condições de detenção em reação ao massacre de 111 presos pela Polícia Militar após uma rebelião no notório presídio do Carandiru, em 1992. Atualmente, sem dúvida, o PCC está longe de ser um grupo de defesa dos presos, estando fortemente envolvido com os tráficos de drogas e armas, sequestro e roubo, com conexões com organizações criminosas do Rio de Janeiro e outros países da América Latina. O PCC também está lucrando com sua audiência cativa de presos, pois se estima que 80% dos presos do Estado estão ligados a ele.

Os membros que estão presos pagam taxas mensais de 50 reais que, combinadas com as mensalidades pagas pelos membros que estão fora dos presídios e os ganhos gerados pelas práticas criminosas, geram lucros estimados em 52 milhões de reais. Porém, não está claro se os presos financiam o PCC por interesse próprio, medo e falta de alternativas a essa sofisticada rede de proteção ou em protesto diante das condições dos presídios.

A superlotação e a falta de recursos humanos geraram também um grave problema estrutural, qual seja, o envolvimento das forças policiais no processo de detenção. Apesar das tentativas de algumas autoridades de transferir os detidos para presídios e a jurisdição para secretarias de justiça ou administração penitenciária, as carceragens das delegacias ainda são usadas para os detidos em prisão preventiva, que aguardam, não raro por vários meses, a transferência para presídios. Por lei, eles deveriam ser mantidos nas carceragens por, no máximo, uma semana. Vários presos acabam cumprindo suas sentenças nesses locais inapropriados. Como as carceragens das delegacias não foram planejadas para longos períodos de detenção, elas frequentemente têm os piores níveis de superlotação e de precariedade de condições. O ambiente propicia o abuso de poder, uma vez que policiais e carcereiros com pouca capacitação, confrontados constantemente com ameaças de rebelião e fugas em massa, aplicam com frequência castigos violentos e coletivos na tentativa de manter o controle de uma situação volátil (Anistia Internacional, 1999; Human Rights Watch, 1998; ONU, 2001). O uso de delegacias como prisões e a manutenção, em alguns estados, da vinculação do sistema prisional a secretarias de segurança pública constituem uma contravenção clara da lei brasileira e das diretrizes internacionais, que preconizam que os órgãos responsáveis pela prisão e interrogatório de suspeitos não devem cuidar de sua custódia a longo prazo. No Brasil como um todo, 64.438 presos estavam sendo mantidos sob custódia policial no final de 2005.

Em alguns casos, a polícia foi levada a administrar presídios em resposta a crises no sistema prisional, geralmente quando os agentes penitenciários já não mais conseguiam manter a ordem devido à corrupção, superlotação, falta de funcionários e ao crescimento da violência entre presos. A Brigada Militar administra as três maiores prisões do Rio Grande do Sul desde 1995. A prisão de segurança máxima da Papuda, no Distrito Federal, é a única que é administrada, de forma quase anômala, pela Polícia Civil. Na maioria das prisões, a Polícia Militar garante a segurança externa. A questão não é se a polícia administra as prisões com maior ou menor eficiência ou em respeito aos direitos humanos, pois, de fato, seu desempenho parece ser, com frequência, melhor que aquele da administração civil. A questão é que tal emprego da polícia é contrário ao espírito das normas internacionais e distancia a polícia de suas tarefas centrais de prevenção e solução de crimes. Eles devem ser substituídos, assim que possível, por agentes penitenciários devidamente contratados. Depois que a Polícia Militar assumiu os presídios do Espírito Santo, a taxa de fugas reduziu-se drasticamente de 63% para 11,8% em 1999 e 2,2% em 2001. A polícia foi, então, substituída por agentes penitenciários civis, enquanto o estado de São Paulo, em maio de 2001, assinalou a possibilidade de substituir quatro mil policiais militares responsáveis pela segurança externa por serviços terceirizados especialmente treinados para essa função.

Em suma, um sistema prisional disfuncional tem um impacto negativo em outras partes do aparato de segurança pública, especialmente na capacidade policial. Outra lição que podemos extrair da violência do PCC é que as instituições do sistema de justiça criminal precisam não somente manter adequadamente uma divisão do trabalho, mas também, como se apontou, colaborar entre si. O sistema brasileiro de justiça criminal é notadamente fragmentado, com a força policial dividida entre Polícia Federal e polícias estaduais Militar e Civil e as Guarda Municipais, o Poder Judiciário composto por duas instituições fortes, os tribunais estaduais e o federal, o Ministério Público e os estabelecimentos prisionais, dividido entre as secretarias de justiça e de segurança pública. Cada componente do sistema mantém uma cultura profissional própria e, em alguns casos, um certo grau de hiperautonomia e falta de *accountability*. A violência do PCC demonstra claramente a necessidade de serviços de polícia e prisão de trabalharem juntas no combate à rede criminosa, que tem ameaçado e sobrepujado ambas as instituições. O nível de colaboração entre grandes redes criminosas, com o Comando Vermelho dominando o tráfico de drogas no Rio de Janeiro e o PCC em São Paulo e com a oferta de cocaína dos grupos guerrilheiros e criminosos da Colômbia, salienta também a necessidade de colaboração interestadual, que é problemática no sistema federativo e para além das fronteiras nacionais.

Nas duas últimas décadas, o Estado perdeu o controle em termos reais e operacionais de boa parte do sistema prisional, foi atropelado pelo crescente número de presos e sofreu a falta de investimento em infraestrutura e pessoal. O controle das gangues ou dos sistemas informais de autoridade são tolerados nas prisões de vários países como uma forma conveniente de "dividir para governar" e delegar disciplina. Portanto, em muitos estados brasileiros, as autoridades não podem alegar que detenham, em última instância, o controle do sistema como um todo ou mesmo de cada presídio em particular. No Rio de Janeiro, onde grupos rivais (Comando Vermelho, Terceiro Comando, Terceiro Comando Puro e Amigos dos Amigos) controlam várias prisões, os presos que chegam ao sistema são requisitados a dizer a qual grupo pertencem ou a escolher um antes de serem alocados ao presídio administrado pelo respectivo grupo. As raízes do Comando Vermelho, como as do PCC, também remontam ao sistema prisional, apesar do momento e da experiência diferentes. O Comando Vermelho foi formado por criminosos que, presos juntamente com os detidos políticos nos anos 1970 no Rio de Janeiro, aprenderam os princípios de organização clandestina.

Vários fatores contribuíram para o desenvolvimento dessa situação. Primeiramente é a tolerância à corrupção entre oficiais da justiça criminal, desde os agentes penitenciários até policiais e juízes. Em 1999, um administrador de alto cargo do sistema prisional foi removido depois que o Ministério Público alegou que ele agiu em conluio com as organizações criminosas nos presídios maiores. A megarrebelião de fevereiro de 2001, quando o PCC orquestrou a tomada de mais de 25 mil presos como reféns, além de centenas de familiares, em quase 30 prisões do Estado, foi a resposta direta do PCC a esse *status quo*.

Consequentemente, um novo regime punitivo, o Regime Disciplinar Diferenciado (RDD), foi criado para romper a rede de comunicações entre as lideranças do PCC, colocando-os em quase confinamento solitário na prisão especial de Presidente Bernardes. Porém, os vastos recursos financeiros dessas lideranças permitem-lhes comprar os serviços de agentes penitenciários ou infiltrar seus próprios membros como agentes, com 1.800 oficiais de segurança pública em uma suposta lista de pagamento.

A prisão de Presidente Bernardes tem bloqueadores de celular, cabos no alto dos pátios para evitar que helicópteros pousem na tentativa de resgatar presos, 160 celas individuais de concreto sem TV ou rádio, detectores de metal e muros de oito metros de altura. Porém, essa sofisticada infraestrutura que caracteriza os presídios de segurança máxima, como é o caso em Presidente Bernardes e nas cinco prisões anunciadas pelo governo federal, continua tendo como calcanhar de Aquiles os recursos humanos. Isso explica porque esses presos perigosos continuaram tendo acesso a telefones celulares, ferramentas usadas nas rebeliões de 2001, apesar das tentativas das autoridades de bloquear o sinal. De fato, dois dos líderes do PCC deram entrevistas à TV e ao rádio de seus celulares em suas celas. A rede multinodal do grupo torna muito difícil controlá-lo por meio do isolamento de indivíduos no sistema prisional, ou por meio do bloqueio do sinal de telefones celulares, e reafirma a necessidade de uma resposta institucionalmente coordenada.

Os problemas da má administração e da falta de pessoal começam com o seu recrutamento e treinamento. Pré-requisitos educacionais sempre foram poucos para a carreira de agente carcerário, refletindo os baixos salários e o pouco *status* da profissão. O curto período de treinamento, em uma das cinco escolas penitenciárias do país, é baseado em aulas expositivas e teóricas. Portanto, não é surpreendente o fato de que os novos agentes, quando lotados em sua primeira penitenciária, passam por um "retreinamento" por seus colegas mais experientes, conforme apontou o diretor de uma das escolas penitenciárias. Portanto, os *inputs* do treinamento formal encontram poucos reflexos na prática cotidiana se não estiverem profundamente ligados aos procedimentos e práticas profissionais. Não obstante o fato de que a todos os agentes penitenciários é dado um módulo de direitos humanos em seu treinamento, uma pesquisa de atitude realizada com agentes penitenciários do Rio de Janeiro revelou que eles ficam ressentidos e resistem ao termo "direitos humanos", percebendo que ele protege os presos a suas custas. O serviço prisional não opera com procedimentos e referências fixados, por exemplo, em relação ao que constitui o "uso excessivo da força". Como resultado, os agentes se comportam defensivamente, copiando seus pares e cerrando fileiras quando desafiados. A avaliação dos agentes é impossível e a disciplina formal é reservada aos casos mais graves como, por exemplo, contrabandear drogas e armas para dentro dos presídios e usar de extrema violência. Os agentes também trabalham 24 horas corridas e folgam 72, com baixos salários, condições físicas precárias e o constante medo da violência. Desde o começo de 2006, o PCC comandou dúzias de rebeliões e fez cerca de 460 agentes reféns. Isso leva a altos índices de abuso de álcool e drogas e de problemas de saúde mental, para os quais os agentes não recebem nenhum tipo de apoio. Eles frequentemente trabalham em mais de um emprego – os "bicos" –, o que os deixa cansados e estressados. Tudo isso contribui para a violência dos agentes contra os prisioneiros e para uma abordagem pouco sofisticada de controle das prisões, que seria mais bem exercido se não fosse baseado na força bruta, mas no acúmulo de informações. Esse tipo de sistema de "segurança dinâmica", como no Reino Unido, requer um nível bem mais alto de qualificação, apoio e monitoramento profissional. Não é, portanto, surpreendente que muitos agentes estejam suscetíveis à corrupção, devido em parte às suas queixas contra o sistema e em parte à cultura de impunidade e à má administração, que permite que os agentes contrabandeiem a maioria das drogas, celulares e armas que estão em circulação nos presídios, às vezes em conluio com a polícia na segurança externa. O atual sistema de revista dos parentes – que envolve o exame de seus corpos nus – antes das visitas é muito menos efetivo na prevenção do fluxo de tais artigos ilícitos que revistar os presos depois da visita, e controlar de forma cuidadosa todos os que entram no presídio por razões profissionais, ainda isso serve para alimentar as queixas prisionais.

## Efetividade e eficiência

### Efetividade

O sistema prisional brasileiro tem três principais objetivos, quais sejam, proteger o público, incapacitando os criminosos, puni-los e reabilitá-los. O alto número de fugas em unidades do sistema prisional e a habilidade dos líderes do PCC em prosseguir com suas atividades criminais mesmo estando atrás das grades, recrutar novos membros e usar a economia interna da prisão em vantagem própria demonstram que o sistema é incapaz de exercer sua primeira função. Ele também lança dúvidas à ideia de prisão, que muitas vezes é usada para criminosos primários ou não violentos e não é suficientemente usada para criminosos profissionais. Pode-se dizer, além disso, que o sistema prisional atual, na verdade, capacita os criminosos no sentido de colocá-los em um ambiente no qual eles podem aprimorar suas habilidades criminosas, reiterando a noção de prisão como "escola do crime".

Na legislação brasileira, a prisão constitui claramente a última forma de punição para os criminosos engajados contra a manutenção da lei, isto é, contra o Estado. Porém, a punição tem dimensões legal, moral e instrumental. Legalmente, a punição de encarceramento deve encerrar apenas a privação de liberdade. Porém, vários dos presos menos privilegiados sofrem o que as organizações de defesa dos direitos humanos chamam de formas cruéis, desumanas e degradantes de punição e tratamento, desde torturas, surras, comida estragada, negação de cuidados médicos e falta de acesso à assistência jurídica. Isso é, então, uma perversão da noção de pena justa. Também, como assinalado anteriormente, alimenta, no preso comum, o ressentimento e a raiva contra o sistema, do que o PCC e a violência são válvulas de escape. Isso também coloca a parte ofendida, o Estado, em uma situação na qual ele é o ofensor e deveria ser processado e punido por abusos contra os direitos humanos, minando assim a alegação central do sistema de justiça criminal de que esse detém o direito legítimo de punir. Pesquisas de opinião pública também sugerem que a população brasileira apoia menos a noção de prisão como forma vingativa de punição e mais como uma forma de reparação à comunidade e um meio de mudar o comportamento dos criminosos (Fundação Ford, 1998). Há diferentes formas de os criminosos "quitarem sua dívida com a sociedade" e é altamente questionável se essa dívida deve ser paga em uma economia de dor e degradação ou por outras formas de reparação como a multa, o serviço à comunidade ou ainda por meio de recentes inovações como a justiça restaurativa, na qual o criminoso deve reparar o dano causado à vítima por meio de pagamento dos danos ou pedido de desculpa. A justiça restaurativa só agora tem sido discutida no Brasil, apesar de ser adotada na Europa, América do Norte, Austrália e Nova Zelândia. Poucos defenderiam que o sistema prisional brasileiro é bem-sucedido em sua meta de reabilitação. As cifras de reincidência, isto é, o número de criminosos que voltam a delinquir pelo que eles foram novamente presos ou processados num prazo de três anos a partir de sua soltura, são impossíveis de serem estabelecidas com precisão devido à baixa qualidade dos dados do sistema de justiça criminal e à organização fragmentada e federativa desse sistema. Porém, estimativas põem as taxas de reincidência entre 65% e 80%, o que representa o inevitável resultado de múltiplas falhas do sistema, tais como a falha em separar os criminosos em categorias (provisórios e sentenciados, perigosos e não perigosos etc.), as altas taxas de superlotação, o déficit de funcionários e a falta de regimes de reabilitação para a maioria (trabalho, educação, acompanhamento psicológico).

## Eficiência

Um sistema que é inefetivo em atingir seus objetivos não pode ser eficiente. Até a forma mais rudimentar de prisão é cara devido aos custos de infraestrutura, pagamento dos agentes e fornecimento do mínimo necessário para a manutenção dos presos e dos funcionários. Calcula-se que para manter um preso em regime fechado, isto é, para a maior parte das vagas do sistema prisional brasileiro, o custo seja em torno de oitocentos reais por mês. O custo indireto do aprisionamento, gerado pelo que os economistas chamariam de fatores negativos externos ao sistema, é muito maior. Esse inclui despesas "escondidas", tais como a corrupção e os favorecimentos frequentemente envolvidos na licitação dos contratos de construção das penitenciárias ou do fornecimento de comida (marmitex), que puxam para cima as despesas totais gastas. Muitos países responderam aos altos custos das políticas de encarceramento convidando a iniciativa privada a participar, movimento que tem encontrado resistência de consecutivos governos federais brasileiros. Não obstante, como o Brasil tem um sistema federativo, alguns estados experimentaram a privatização das prisões, a qual tem duas formas. No sistema norte-americano, toda a administração da prisão é colocada sob a responsabilidade de uma empresa privada, desde a manutenção interna, como a questão da comida, até a segurança externa e as questões disciplinares. No modelo francês de semiprivatização, o Estado mantém a responsabilidade pela segurança e pela disciplina e passa a administração do cotidiano da unidade para uma empresa privada. A semiprivatização foi tentada pela primeira vez no Brasil em 1999, e em 2005 havia 13 prisões administradas dessa forma em 5 estados. Porém, os resultados são diversos. O estado do Paraná resolveu não renovar os contratos com o setor privado porque as prisões privatizadas custavam o dobro das públicas. Por outro lado, um estudo realizado na Bahia (Cabral e Azevedo, s. d.) descobriu que as prisões semiprivatizadas desse estado conseguiram tanto economizar no fornecimento de serviços quanto melhorar os indicadores (tais como poucas fugas e decisões judiciais mais rápidas para os presos) devido a uma combinação de incentivos fiscais, estabelecidos pelo estado e de liberdade em relação aos constrangimentos que atrapalham os setores públicos na contratação de pessoal e compra de material. A questão, portanto, se o setor privado pode administrar as prisões de forma mais eficiente (a custos menores) e efetiva (oferecendo regimes melhores ou inovadores) ainda está em aberto.

O Brasil tem, porém, um outro modelo que é pouco conhecido e inovador. No estado de São Paulo, há atualmente mais de vinte pequenos presídios conhecidos como Centros de Ressocialização (CR), cada um com 250 presos, administrados em uma parceria inovadora, entre as autoridades responsáveis pela administração penitenciária e organizações não governamentais locais, baseada em acordos formais de cooperação assinados com o estado. A organização sem fins lucrativos cuida da administração diária do presídio e da reabilitação dos presos, enquanto a segurança e a disciplina permanecem sob o controle do estado, com a mesma divisão de trabalho das prisões semiprivatizadas. Os CR administrados em parceria com as ONGs, assim como as empresas privadas de administração prisional, são capazes de comprar bens e serviços a preços menores e de demitir funcionários que não tenham um bom desempenho. Porém, o fato de que são organizações não governamentais livra-os do problema ético de ter o setor privado lucrando sobre a punição. Também possibilita que cortem ainda mais gastos; a Secretaria da Administração Penitenciária alega que custam metade do preço por preso do que uma prisão estadual convencional. Há também o respeito aos direitos humanos e o fornecimento de regime e metodologia de reabilitação que alegam produzir taxas de reincidência muito baixas. Isso faz dos CR tanto efetivos quanto eficientes.

A opinião internacional dominante, baseada no custo da efetividade da prisão como forma de redução e prevenção ao crime, é que o aprisionamento – tanto provisório quanto como sentença – deve ser usado como o último recurso, e não o primeiro, e deve ser reservado aos criminosos violentos, perigosos ou que cometeram crimes sexuais ou àqueles séria e persistentemente reincidentes. A prisão preventiva deveria ser restrita aos indivíduos que representem risco bem fundamentado de fuga ou perigo ao público. Criminosos primários ou não violentos são mais bem tratados por meio de políticas de diversificação ou desencarceramento.

Alguns crimes, tais como infrações relacionadas ao tráfico ou a disputas de pensão alimentícia, podem ser descriminalizados, isto é, tratados na esfera civil ao invés da criminal. Crimes de menor potencial ofensivo podem ser tratados com procedimentos de conciliação. A alta demanda pelos Juizados Especiais Criminais (Jecrim), desde que foram criados em 1995, ilustra como as estratégias de diversificação podem ser bem-sucedidas. Indivíduos acusados de crimes de menor potencial ofensivo, que seriam punidos com um a dois anos de prisão, concordam em se submeter ao processo de mediação com a vítima, não adquirem antecedentes criminais e recebem medidas como multa, advertência, restrições de locomoção, serviço comunitário ou público, participação em programas voltados para a mudança de comportamento criminoso, tratamento de drogadição, álcool ou problemas de saúde mental.

O desencarceramento, isto é, a redução deliberada do número de criminosos mantidos em custódia tem ocorrido de forma lenta no Brasil. Até o momento, a sugestão de que os usuários de drogas, em oposição aos sérios traficantes, deveriam ser tratados em cortes especializadas e receber suporte e tratamento, como nos Estados Unidos, ainda não avançou. A outra estratégia de desencarceramento é a aplicação de penas alternativas. Essas são permitidas pelo Código Penal desde 1984, mas foram primeiramente postas em prática em 1987 no Rio Grande do Sul e regulamentadas pela Lei n. 9.714/98. Criminosos primários condenados por crimes intencionais cometidos sem violência ou grave ameaça – pelo que poderiam ser sentenciados a até quatro anos de prisão – podem receber como sentença uma gama de sanções similares às medidas aplicadas pelos Jecrim. Tais sentenças somaram 2% de todas as sentenças de 1995 e quase 10% de 2002. No Reino Unido, comparativamente, quase 80% das sentenças são de penas alternativas. O Brasil atualmente tem 39 centros locais e 59 núcleos de penas alternativas. Fortaleza, Recife, Porto Alegre, Salvador, Belém e Curitiba têm varas especializadas. Em 2005, aproximadamente trinta mil sentenciados cumpriam penas alternativas; estima-se que em torno de sessenta mil poderiam receber esse tipo de pena se houvesse mais recursos disponíveis para a supervisão dos sentenciados e se alguns juízes também se dispusessem a aplicar essas medidas, que consideram uma opção "branda". A Comissão Nacional de Apoio às Penas e Medidas Alternativas (Cenapa) aponta que a taxa de reincidência de penas alternativas é de apenas 2%. A diferença de custo é também expressiva. De acordo com o Ministério da Justiça, o custo mensal para manter um criminoso em detenção de oitocentos reais seria reduzido a setenta reais para mantê-lo em um programa de pena alternativa. As estratégias de diversificação tais como os Jecrim e as cortes para usuários de drogas são, similarmente, bem mais baratas que a prisão.

A questão é que o sistema de justiça criminal precisa perseguir esses objetivos da punição: incapacitação e reabilitação, de formas diferentes, considerando as diferentes categorias e características dos criminosos. Está claro que criminosos profissionais, tais como os envolvidos com o PCC ou outras redes criminosas, requerem um regime prisional voltado para a tarefa central de imobilização. Contudo, criminosos primários ou que cometeram crimes de menor potencial ofensivo podem se beneficiar mais de outras formas de penalidades, tais como os serviços comunitários, pois é completamente contraproducente, tanto em termos econômicos quanto instrumentais, mandá-los para a prisão.

## Pouca vontade política e pouca política de liderança

Apesar de a crise no sistema prisional estar evidente desde meados da década de 1990, as respostas governamentais têm sido basicamente reativas, inadequadas e lentas. Isso é resultado de décadas de negligência da administração federal, na qual a reforma do setor de justiça têm tido pouca prioridade há bastante tempo. Entre 1985 e 2002, a pasta do Ministério da Justiça teve uma média de um titular por ano.

A função do Ministério é tradicionalmente política e o ministro é escolhido pelo presidente da República. Poucos ministros reformistas conseguiram se manter no posto. O sistema prisional também tem sido alvo de anos de baixo investimento pelas autoridades federais. O Fundo Penitenciário Nacional (Funpen) foi criado em 1994 para fornecer fundos exclusivos ao sistema prisional, com receita proveniente basicamente de multas judiciárias e loterias estaduais e federais. Legalmente, esse dinheiro não pode ser usado pelo governo federal para outros fins. No entanto, o Ministério do Planejamento tem retido rotineiramente esse fundo como "contingência", isto é, para compensar o déficit em conta corrente (governo Fernando Henrique Cardoso) ou para garantir superávit primário (governo Lula). Em 1995, o Funpen conseguiu gastar apenas 15% de sua receita acumulada. A proporção dos rendimentos gastos cresceu, então, para quase 97% em 1998, ano de eleição, apenas para descer novamente para 22,2% em 1999, na esteira da desvalorização do real. Em seus oito anos, o governo Fernando Henrique liberou apenas 72% da renda do Funpen e a mesma prática continuou no governo Lula. Em 2005, o Funpen tinha 272 milhões de reais em seus cofres, foi autorizado a gastar 224 milhões e recebeu, de fato, 159 milhões. Como o custo da construção de novos presídios aumentou, o fornecimento de novas vagas diminuiu lentamente. Essa prática atingiu São Paulo mais duramente, uma vez que esse estado tem 38% da população prisional do país e recebeu apenas 31% dos fundos do Funpen. Com um crescimento líquido de 6 mil presos entre 2004 e 2005 (ou seja, uma adição mensal de 500 presos entrando no sistema), as autoridades precisaram construir prisões continuamente apenas para manter o sistema.

     Outra consequência dos cortes nos gastos públicos foi o contínuo enfraquecimento institucional do Departamento Penitenciário Federal (Depen), sob os auspícios do Ministério da Justiça, que não teve nenhuma capacidade de liderança. Com um reduzido quadro de funcionários e subordinado a um conselho consultivo sobre questões penais (Conselho Nacional de Política Criminal e Penitenciária – CNPCP), o Depen foi inteiramente reativo, sendo incapaz de produzir dados nacionais confiáveis, diretrizes políticas, procedimentos operacionais ou documentos de planejamento e de realizar inspeções e diagnósticos do sistema.

     Melhoramentos no monitoramento externo e na inspeção do sistema prisional iriam, sem dúvida, acelerar e fortalecer os esforços de reforma. Porém, o sistema atual é fragmentado, duplicado e inefetivo. Há nada menos que seis instituições com poder de inspecionar estabelecimentos prisionais e assegurar sua adequação à lei, quatro no nível estadual e duas no federal (Depen e CNPCP). No nível estadual, o Ministério Público (com permissão de fiscalizar a polícia), o juiz corregedor dos presídios, o Conselho Penitenciário Estadual e a Secretaria de

Administração Penitenciária apresentam um potencial conflito de interesses no que se refere aos presos, cujas sentenças eles decidem. Geralmente, esses órgãos inspecionam os presídios durante ou logo após um incidente, como rebeliões ou episódios de violência, embora devessem também fazer inspeções regulares e mesmo mensais. Seus relatos não são publicados ou não circulam de modo coerente, impossibilitando o monitoramento público ou o aprendizado institucional. Essa duplicação de esforços e agências faz com que ninguém assuma a responsabilidade pelas condições dos presídios. É necessária a criação de um sistema de inspeções que seja proativo e preventivo, conduza inspeções a partir de um cronograma, tenha uma equipe profissional, produza e publique relatórios avaliativos e supervisione a implementação de suas recomendações. A lei também prevê o envolvimento da sociedade civil no monitoramento das condições dos presídios por meio da instalação de um Conselho da Comunidade em cada jurisdição onde haja uma prisão. Porém, várias jurisdições ainda não têm um conselho, dependem do juiz local para fazer nomeações e não recebem diretrizes ou apoio institucional como, por exemplo, treinamento, aconselhamento e realização de inspeções ou mesmo como escrever relatórios ou para onde mandá-los.

Concluindo, um sistema prisional em permanente expansão não é a solução mais efetiva para o problema da criminalidade e violência social no Brasil. O número crescente de presídios não irá necessariamente possibilitar ao Estado retomar o controle dos estabelecimentos prisionais. O que o Brasil precisa é de um conjunto de reformas em diferentes *fronts*, desde o Código Penal e de Processo Penal passando pelo debate público sobre respostas realmente efetivas para a insegurança dos cidadãos e pela maior integração do sistema de segurança pública, para que o sistema prisional não seja visto como um depósito das mazelas sociais, mas sim como um conjunto de respostas possíveis à criminalidade e como um sistema que deveria ser usado com mais atenção e discernimento.

(Tradução: Liana de Paula)

### Bibliografia

ANISTIA INTERNACIONAL. *"Chegou a morte"*. Massacre na Casa de Detenção de São Paulo. London: Amnesty International, 1993.

_____. *"Aqui ninguém dorme sossegado"*. Violações dos direitos humanos contra detentos. London: Amnesty International, 1999.

_____. *"Subumano"*. Tortura, superlotação e violência em delegacias policiais de Minas Gerais. London: Amnesty International, 2002.

CABRAL, Sandro; AZEVEDO, Paulo F. *Dealing with Incentives and Institutions in Prison Management*. S/d, mimeo.

DEPEN. *Sistema penitenciário no Brasil*: dados consolidados. Brasília: Departamento Penitenciário Nacional, 2006.

FUNDAÇÃO FORD. *Punindo criminosos*: a opinião pública frente às alternativas à pena de prisão. Rio de Janeiro: Fundação Ford, 1998.

HUMAN RIGHTS WATCH. *Behind Bars in Brazil*. New York: Human Rights Watch, 1998.

ILANUD. Gerenciamento de crises no sistema prisional. *Revista do Ilanud*. São Paulo: Ilanud, n. 5, 1997.

LEMGRUBER, Julita. *The Brazilian Prison System*: a brief diagnosis. 2005, mimeo.

MACAULAY, F. *Democratization and the Judiciary*: competing reform agendas. In: KINZO, M. D. A.; DUNKERLEY, J. (eds.). *Fifteen Years of Democracy in Brazil*. London: Institute of Latin American Studies, 2003.

\_\_\_\_\_. Political and Institutional Challenges of Reforming the Brazilian Prison System. *Centre for Brazilian Studies*, working paper CBS, 31-2002, 2002.

ONU. *Report of the Special Rapporteur [on Torture] Sir Nigel Rodley submitted pursuant to Commission on Human Rights Resolution 2000/3*. Addendum. Visit to Brazil. Geneva: United Nations Human Rights Commission, 30 March 2001.

VARELLA, D. *Estação Carandiru*. São Paulo: Companhia das Letras, 1999.

# ENCARCERAMENTO DE ADOLESCENTES: O CASO FEBEM

*Liana de Paula*

> "A rebelião atingiu a totalidade do complexo no dia 24 de outubro. Dezoito horas mais tarde, havia 4 adolescentes mortos, 58 pessoas feridas, inclusive 29 funcionários da Febem, dezenas de adolescentes haviam escapado e o complexo de Imigrantes fora completamente destruído. Durante a rebelião, cerca de 16 monitores foram tomados como reféns e espancados. Vários internos também foram torturados pelos companheiros e 4 foram mortos, massacrados com tal brutalidade que causou choque mesmo entre aqueles que há anos trabalham no sistema. Os brasileiros ficaram horrorizados com as imagens de adolescentes com a camiseta enrolada na cabeça para esconder o rosto, completamente descontrolados, submetendo monitores e companheiros a maus-tratos e tortura ante as câmeras de televisão. As tropas de choque da Polícia Militar dispararam balas de borracha contra os pais ansiosos que aguardavam notícias do lado de fora dos portões do complexo."
>
> (Trecho do relatório *Brasil: desperdício de vidas*, da Anistia Internacional, jul. 2000).

O trecho relata um dos episódios mais marcantes da história recente do tratamento dispensado pelo Estado aos adolescentes autores de ato infracional: a destruição do complexo da rodovia dos Imigrantes, em 1999, em São Paulo, durante uma rebelião que durou mais de 18 horas e foi amplamente divulgada pelos meios de comunicação na época. Escancarada na mídia nacional a falência do modelo paulista de encarceramento de adolescentes, essa rebelião constituiu um marco rumo às mudanças nas formas como o Estado tem gerido a execução de medidas socioeducativas aplicadas aos adolescentes autores de ato infracional. Mais precisamente, o desfecho dessa rebelião permite entender algumas tendências atuais que se colocam como alternativas ao encarceramento e norteiam as políticas estaduais e nacionais que têm esses adolescentes como público-alvo.

Segundo dados do censo demográfico de 2000, há 25 milhões de adolescentes entre 12 e 18 anos no Brasil, o que representa aproximadamente 15% da população nacional. Em 2004, cerca de 39.578 adolescentes (ou 0,2% da população total de adolescentes brasileiros) estavam cumprindo algum tipo de medida socioeducativa, conforme levantamento estatístico da Subsecretaria de Promoção dos Direitos da Criança e do Adolescente, pertencente à Secretaria Especial dos Direitos Humanos (2006), vinculada à Presidência da República. Mais da metade desses adolescentes cumpria sua medida na Região Sudeste (55,64% ou 22.022), sendo São Paulo o estado de maior concentração. Conforme dados publicados no sítio da Fundação Estadual do Bem-Estar do Menor – Febem – de São Paulo em 2004, havia aproximadamente 18 mil adolescentes cumprindo medidas socioeducativas no estado naquele ano, sendo cerca de 6.400 cumprindo medida de privação de liberdade (internação, semiliberdade e internação provisória) e o restante inserido em medida socioeducativa em meio aberto (liberdade assistida e prestação de serviço à comunidade).

Se comparado ao total nacional de adolescentes cumprindo algum tipo de medida socioeducativa em 2004, o estado de São Paulo representava, sozinho, 45,48% desse total. Assim, o exemplo de São Paulo é tomado aqui como emblemático de uma situação com raízes muito mais profundas e que vale ser, minimamente, recuperada. Por certo, ele não esgota os modelos de atuação institucional existentes, mas, até por ser a maior instituição do Brasil encarregada de aplicar medidas socioeducativas, o caso da Febem/SP vale ser descrito com maiores detalhes.

Para tentar solucionar a crise de 1999, o governo do estado formou grupos de trabalho com o intuito de repensar estratégias de ação a curto, médio e longo prazo. O desafio que se colocava – e que, de certo modo, ainda se coloca – era o de como gerir o "problema da Febem", problema esse que pode ser entendido tanto como as dificuldades em lidar com adolescentes autores de ato infracional quanto como a dificuldade em administrar uma estrutura burocrática gigantesca e, ao mesmo tempo, complexa e fragmentada.

Para os mais radicais, a solução para o "problema da Febem" era fechar suas portas, isto é, desativar a instituição e criar outra no lugar. No entanto, a opção que parece estar sendo adotada desde então é a de tentar adequar a estrutura da Febem às táticas contemporâneas de administração pública, que envolvem a parceria com o setor privado e a redução dos investimentos públicos, e às demandas de proteção integral previstas no Estatuto da Criança e do Adolescente. Nesse sentido, ambas as perspectivas – da administração pública e da proteção integral – convergem para a derrocada do modelo de encarceramento que foi adotado ao longo do século XX e sua substituição por novas práticas que sejam menos onerosas e mais eficazes no tratamento de adolescentes envolvidos em atos violentos e criminosos.

## Ascensão do modelo de encarceramento

O modelo de encarceramento como forma de lidar com a criminalidade e a violência dos adolescentes remonta, pelo menos, ao início do século XX, quando, em 1927, foi promulgado o primeiro Código de Menores. Com a abolição da escravidão e com a industrialização e a urbanização em São Paulo, emergia o problema da expansão do mercado de mão de obra assalariada, principalmente no que se referia ao disciplinamento dos trabalhadores para as longas jornadas nas indústrias. Nesse contexto, não é de se espantar que a vadiagem – isto é, o não estar empregado ou não poder prová-lo em uma abordagem da polícia – fosse considerada um crime passível de detenção, mesmo que o criminoso fosse uma criança e ou um adolescente.

Para recolher crianças e adolescentes que fossem encontrados perambulando pelas ruas ou cometendo delitos, foram fundados, entre 1902 e 1903, o Instituto Disciplinar e a Colônia Correcional de São Paulo, inseridas no ideário da pedagogia do trabalho como forma de integrar socialmente os que escapavam ao sistema produtivo. Essas instituições tinham como clientela crianças e adolescentes abandonados e "delinquentes" e representavam a ascensão de um modelo no qual o encarceramento deixava de ser um simples sequestro de indivíduos socialmente indesejáveis e passava a visar também a sua transformação em indivíduos socialmente necessários por meio da fabricação de operários.

Ao regulamentar uma verdadeira política pública de encarceramento como forma de recuperação das condutas juvenis indesejáveis, o Código de Menores delegou ao Estado a missão de educar crianças e adolescentes abandonados e "delinquentes" por meio da tutela. Além disso, estabeleceu como metas a centralização e a sistematização dos serviços de assistência pública e privada pelo Estado, o que permitiu o enraizamento do modelo de encarceramento longo do século XX. E, embora haja pouca informação na literatura especializada sobre o período decorrido entre a promulgação do Código de 1927 e a criação da Fundação Nacional do Bem-Estar do Menor

(Funabem) em 1964, é possível detectar o surgimento de algumas tentativas no sentido de alcançar essas metas de centralização e sistematização.

Em 1938, por exemplo, surgiu o Serviço Social dos Menores Abandonados e Delinquentes em São Paulo, visando a fiscalizar o funcionamento administrativo e fornecer orientação médico-pedagógica às instituições de amparo e reeducação de crianças e adolescentes, recolher aqueles temporariamente sujeitos à investigação e distribuir os que haviam sido julgados pelos estabelecimentos do Serviço. Em 1941, no Rio de Janeiro, foi criado o Serviço de Assistência a Menores (SAM), instituição pública cujo objetivo era sistematizar e orientar os serviços de assistência a crianças e adolescentes "desvalidos" e "delinquentes", internados em estabelecimentos oficiais e particulares. Inspirado no SAM, o Recolhimento Provisório de Menores (RPM) foi criado em São Paulo em 1954. O RPM era uma instituição pública vinculada ao Juizado de Menores que tinha por objetivo fornecer abrigo provisório aos adolescentes acusados de crimes.

A partir do Golpe Militar de 1964, o RPM e o SAM seriam substituídos por um amplo e ambicioso projeto de centralização, que englobava a Política Nacional do Bem-Estar do Menor (PNBEM) e a Fundação Nacional do Bem-Estar do Menor (Funabem). Esse projeto propunha uma nova estrutura de intervenção estatal, que ampliava a presença do Estado em todos os níveis da política social por meio da criação de uma fundação nacional responsável por ditar a política nacional de atendimento e de várias fundações estaduais responsáveis por executá-la.

Nesse esteio, inaugurava-se, em 1976, a Fundação Estadual do Bem-Estar do Menor de São Paulo (Febem/SP), com os objetivos de implementar as diretrizes da PNBEM e promover a integração social dos *menores* por meio de "programas e providências que objetivem prevenir sua marginalização e corrigir as causas do desajustamento" (Decreto n. 8.777, de 13/10/1976). Para prevenir e corrigir o desajustamento, o encarceramento era amplamente adotado, de modo que foram construídas várias unidades de internação para abrigar a população sempre crescente de adolescentes envolvidos em atos ilícitos. Surgiram, então, os complexos, como o da rodovia dos Imigrantes, que eram, na verdade, grandes aglomerações de unidades de internação abarrotadas de adolescentes.

O excesso populacional dos complexos, bem como práticas institucionais de tortura e espancamentos, herdadas da cultura profissional dos funcionários do antigo RPM, dificultavam a realização do objetivo de correção das condutas durante o encarceramento. Fosse pela falta de profissionais da área pedagógica ou pelo excesso de demanda, as atividades educativas eram atropeladas pelas necessidades imediatas de segurança e contenção, de modo que a necessidade de manutenção da própria Febem enquanto instituição sobrepujava os objetivos pelos quais ela tinha sido criada. Assim, o funcionamento das unidades de internação em muito as aproximava de presídios para adolescentes.

## Movimentos de oposição ao modelo de encarceramento

Três anos após a criação da Febem, surgia o Movimento de Defesa do Menor, que ganharia visibilidade ao longo da década de 1980. Com ele, as organizações da sociedade civil passariam a exercer um papel central de denúncia das práticas violentas das instituições do Estado, principalmente as da Febem e da polícia, e a buscar alternativas para o tratamento do problema da infância e adolescência.

Práticas diversificadas, como a Liberdade Assistida Comunitária da Pastoral do Menor, aliadas à normativa internacional, com a Doutrina da Proteção Integral das Nações Unidas, exerceram grande influência na elaboração do projeto de lei do Estatuto da Criança e do Adolescente, que buscava atualizar a legislação e aproximá-la dos projetos de construção democrática que fervilhavam na época. Com a redemocratização do país e a promulgação da Constituição Federal, em 1988, e do Estatuto da Criança e do Adolescente, em 1990, o modelo de encarceramento passaria a ser questionado inclusive em termos legais, pois, conforme o artigo 121 do Estatuto, a internação deveria ser aplicada apenas em situações excepcionais e, ainda assim, em caráter de brevidade.

De fato, o Estatuto opõe-se ao modelo de encarceramento em massa em todas as suas diretrizes de atendimento. Primeiramente, está a diretriz de individualização, segundo a qual o atendimento ao adolescente autor de ato infracional deve levar em consideração sua especificidade de *pessoa em desenvolvimento, sujeito de direitos e detentor de absoluta precedência por parte da família, da sociedade e do Estado* e suas características particulares, fornecendo-lhe o atendimento técnico – médico, odontológico, psicológico, assistencial e pedagógico – mais pertinente. Em segundo lugar, está a desinstitucionalização, ou seja, a não internação e a desinternação. Evitando internar ou manter a internação do adolescente até seu limite, o objetivo é fortalecer outras medidas socioeducativas, chamadas de "medidas em meio aberto", para se contraporem ao ambiente fechado e murado característico das unidades de internação. Contudo, a internação não deixa de existir enquanto medida, mas passa a ser reservada aos adolescentes que cometeram ato infracional mediante grave ameaça, que voltaram a cometer ato infracional após cumprirem medida socioeducativa ou que não concluíram o cumprimento de outra medida. Por fim está a descentralização, que propõe a construção de unidades pequenas, mantendo o adolescente o mais próximo possível de sua família e comunidade de origem, e o aumento da participação dos municípios e da sociedade civil organizada, diminuindo o poder político-administrativo do Estado sobre as unidades.

Os impactos das organizações da sociedade civil, dos movimentos de defesa dos direitos das crianças e dos adolescentes e do próprio Estatuto no sistema de justiça especializado e nas práticas de instituições como a Febem foram pouco perceptíveis no início da década de 1990. De fato, pesquisa de Edson Passetti e outros (1999a), realizada entre os anos de 1990 e 1993, enfatizava a permanência do modelo de encarceramento devido à grande quantidade de sentenças de internação. Porém, dados de outra pesquisa, realizada por Sérgio Adorno e outros (1999) a partir de dados de meados da década de 1990, já apontam para um declínio da adoção da internação, juntamente com o aumento da aplicação da medida de liberdade assistida, tendência que se manteve nos anos 2000, como será discutido a seguir.

## Permanências do encarceramento ou a quem ele se destina

Realizada em processos judiciais dos anos 1993 a 1996, no município de São Paulo, a pesquisa de Sérgio Adorno e outros (1999) apontou que, de modo geral, os autores de ato infracional são homens (86,4%), em sua maioria da etnia branca (62,3%, contra 37% de negros), nascidos no estado de São Paulo (83,3%), com idade entre 16 e 17 anos (51,5%) e cujo nível de escolaridade concentra-se no ensino fundamental (85,2%, entre completo e incompleto). No que se refere à inserção no mercado de trabalho, embora a maior parte deles seja de inativos (54,5%), entre estudantes (33,8%) e não estudantes (20,7%), há um percentual razoável daqueles que são economicamente ativos (45,5%, dos quais 36,7% tinham ocupação e 8,8% eram desempregados). As infrações cometidas por esses jovens concentram-se, basicamente, naquelas contra o patrimônio, em particular o roubo (23,2% entre 19% consumados e 4,2% tentados) e o furto (26% entre 18,4% consumados e 7,6% tentados). Das infrações contra a vida, que somam 13,6% do total, apenas 1,3% é de homicídio e 0,6% de tentativa; o restante (11,7%) refere-se a lesões corporais, ou seja, a agressões físicas.

Ao cruzar os tipos de infrações cometidas com os dados sociais, essa pesquisa apontou que, embora os adolescentes autores de infração sejam, em geral, provenientes de todas as classes sociais – isto é, ricos, pobres e classe média –, o tipo de ato infracional cometido varia. Assim, infrações como furto e roubo tendem a ser cometidas por aqueles provenientes das classes mais baixas, embora tenha havido um crescimento do número de adolescentes dos segmentos médios envolvidos nesses tipos de infração, dado o crescimento do consumo de drogas entre eles. Já a direção não habilitada (6,5% do total de infrações) aparece como tipo infracional típico das classes média e alta.

Das sentenças aplicadas, a pesquisa apontou que a internação representa apenas uma pequena parcela (1,9% das sentenças), sendo a liberdade assistida a mais aplicada (24,2%). O maior percentual, contudo, concentrou-se nos arquivamentos e remissões (51,9%). Além disso, verificou-se que, a princípio, a decisão pela internação ou outra medida parece estar relacionada a critérios de gravidade da infração, sendo principalmente aplicada aos autores de roubo e de homicídio.

Porém, ao relacionar a medida aplicada e o tipo de infração cometida aos dados sociais dos adolescentes, a pesquisa assinalou uma variação da sentença judicial conforme os critérios de etnia, escolaridade e inserção no mercado de trabalho do autor de ato infracional, revelando a interferência da clivagem social na distribuição das medidas. Assim, os resultados apontaram que, independentemente da infração cometida ser ou não violenta, os adolescentes brancos, com maior nível de escolaridade, que tinham uma ocupação ou eram estudantes tinham maior propensão a receberem o arquivamento ou a remissão, ocorrendo o inverso com os negros, de nível mais baixo de escolaridade, desempregados ou não estudantes.

Por conseguinte, se não é possível afirmar a permanência generalizada do encarceramento como modelo punitivo, não deve ser descartada, por outro lado, a hipótese de uma tendência de encarceramento conforme critérios outros que não técnico-jurídicos referentes à gravidade do ato infracional. Sendo o sistema de justiça o ponto onde se determina quem será inserido na Febem, essa pesquisa torna possível dizer que a determinação tende a ser feita de acordo com critérios sociais relacionados ao adolescente.

Esses critérios sociais remontam à visão discriminatória sobre o fenômeno da criminalidade, que envolve o aparelho policial e também o sistema de justiça. Tal visão leva a polícia a direcionar sua atuação de controle social para determinados jovens – negros, de baixa escolaridade, desempregados, inativos etc. –, os técnicos do sistema de justiça a escrutinarem sua vida em busca de elementos que viabilizem enquadrá-los na figura do "delinquente juvenil" e os juízes e promotores a punirem-nos mais severamente, ancorados pelo aval "científico" dos técnicos e pelas informações criminais produzidas pela polícia.

Ademais, tais critérios parecem apontar a existência de uma concepção, compartilhada pelos operadores do sistema de justiça, na qual a figura do "delinquente juvenil" relaciona a situação de pobreza vivida por determinados indivíduos a falhas do seu processo de socialização. Assim, a interferência da baixa escolaridade, do desemprego ou da inatividade econômica na distribuição de medidas mais severas e, consequentemente, no encaminhamento para a Febem indica, por um lado, a escolarização e a inserção no mercado de trabalho como eixos socializadores valorizados pelos operadores do sistema de justiça. Por outro lado, indica também que a não inserção nesses é vista como um acréscimo do "potencial ofensivo" individual, ou seja, aqueles que estão fora dos eixos valorizados são considerados mais "perigosos" para a sociedade.

O resultado dessa distribuição desigual das punições pode ser observado no perfil de adolescentes que completam o circuito institucional, recebendo as medidas mais severas do Estatuto da Criança e do Adolescente, e entram na Febem. Nesse sentido, é ilustrativo um levantamento feito no final da década de 1990 pela instituição, em parceria com a Faculdade de Saúde Pública da Universidade de São Paulo (1998), com o objetivo de caracterizar as famílias de origem de adolescentes internados.

Os dados desse levantamento referentes à escolaridade, à atividade econômica exercida e ao nível de renda apontaram para a predominância de famílias de segmentos populares entre os adolescentes em situação de internação. Sobre a escolaridade dos membros adultos, 56,91% haviam cursado até a quarta série do ensino fundamental (período escolar referente ao antigo primário). Essa baixa escolaridade refletiu-se nos tipos de atividade econômica desses membros, pois a maior parte situou-se em atividades de baixa qualificação profissional, como serviços domésticos (11,9%), construção civil (10,0%) e prendas domésticas (12,62%). Já o nível de renda das famílias, relacionado à baixa escolaridade e às atividades econômicas pouco qualificadas, apresentou maior concentração entre as faixas de um a três salários mínimos (27,4%) e de três a cinco salários mínimos (24,7%).

A partir desses dados, nota-se que, em sua maioria, os adolescentes internados na Febem são provenientes de famílias que ocupam os setores menos privilegiados da população. Assim, os dados do perfil social dessas famílias são coerentes com aqueles obtidos sobre os adolescentes nas pesquisas sobre o sistema de justiça e apontam quem seria o "público-alvo" da estrutura de atendimento das medidas de internação, semiliberdade e liberdade assistida: são os jovens provenientes das famílias de trabalhadores de baixa renda, com pouca qualificação profissional e baixa escolarização e que, enfim, residem na periferia. Assim, a estrutura organiza-se em torno do atendimento a esses que, embora não sejam os únicos a cometer atos infracionais, são os preferencialmente punidos com medidas mais severas.

Pode-se detectar, aqui, uma permanência que vem desde o início do século XX, qual seja, o público para o qual instituições como a Febem e correlatas se destinam a atender é o de jovens pobres. Porém, se até meados da década de 1990 a tônica dominante era a do encarceramento generalizado desses jovens e da centralização administrativa, o início do século XXI tem sido marcado por mudanças substantivas no que se refere às políticas de atendimento.

## Desafios e tendências

No decorrer do século XX, aos adolescentes infratores das classes menos favorecidas, primeiro tratados como "menores vadios" por escaparem ao árduo trabalho nas fábricas e depois como "menores delinquentes", foi aplicado o modelo de encarceramento, que incluiu a criação da Febem. Foi contra esse modelo, ou devido a suas consequências, que esses mesmos adolescentes se rebelaram de forma tão violenta em 1999. E tratá-los dentro de uma nova proposta é o desafio que o Estatuto e os movimentos de defesa dos direitos da criança e do adolescente colocam ao Estado e à Febem.

Algumas alternativas postas em prática procuram conciliar esse desafio com outro, referente às novas tendências da administração pública, tais como a redução dos gastos e a maximização da eficiência. Nesse sentido, a intensificação da aplicação da medida de liberdade assistida aparece como uma das principais soluções, pois, além de ser menos onerosa que a internação, a liberdade assistida envolve as organizações da sociedade civil na aplicação da medida por meio de convênios com a própria Febem, permite que o adolescente fique em sua comunidade de origem e receba um atendimento individualizado – o que contempla as diretrizes de individualização, desinternação e descentralização do Estatuto. Além disso, há a construção de unidades menores, cuja administração também é dada a partir de convênios da Febem com organizações não governamentais.

Juntas, a intensificação da aplicação da medida de liberdade assistida e a construção de unidades pequenas representam duas ações do Estado no sentido de concretizar o que se pode chamar de política de descentralização do atendimento aos adolescentes autores de ato infracional. Porém, encontrar o tênue equilíbrio entre a implantação de um "Estado mínimo" na gestão da população de adolescentes autores de ato infracional e a garantia dos princípios humanistas e humanitários da Doutrina da Proteção Integral que veem o adolescente como uma *pessoa em desenvolvimento* é o objetivo que se deve reafirmar constantemente, sob o risco de se transformar a socioeducação em um simples problema de redução de custos.

## Bibliografia

ADORNO, Sérgio; LIMA, Renato Sérgio de; BORDINI, Eliana B. T. *O adolescente na criminalidade urbana de São Paulo*. Brasília: Ministério da Justiça, Secretaria de Estado dos Direitos Humanos, 1999.

ALVAREZ, Marcos César. *A emergência do Código de Menores de 1927*: uma análise do discurso jurídico e institucional da assistência e proteção aos menores. São Paulo: Universidade de São Paulo – USP, 1989. (Dissertação de Mestrado).

ALVIN, M. Rosilene Barbosa; VALLADARES, Licia do Prado. Infância e sociedade no Brasil: uma análise da literatura. *Boletim Informativo e Bibliográfico de Ciências Sociais (BIB)*. Rio de Janeiro, n. 26, 1988, pp. 3-37.

BRASIL. *Estatuto da criança e do adolescente*. São Paulo: Atlas, 1992.

FUNDAÇÃO ESTADUAL DO BEM-ESTAR DO MENOR; FACULDADE DE SAÚDE PÚBLICA. *Caracterização das famílias de jovens privados de liberdade da Febem/SP*. Relatório Final de Pesquisa. São Paulo: Fundação Estadual do Bem-Estar do Menor e Faculdade de Saúde Pública – USP, 1998.

PASSETTI, Edson (coord.). *Violentados*: crianças, adolescentes e justiça. São Paulo: Imaginário, 1999a.

_____. Crianças carentes e políticas públicas. In DEL PRIORE, Mary (org.). *História das crianças no Brasil*. São Paulo: Contexto, 1999b, pp. 347-75.

RODRIGUES, Gutemberg Alexandrino. *Os filhos do mundo*: a face oculta da menoridade (1964 – 1979). São Paulo: IBCCRIM, 2001.

SANTOS, Marco Antonio Cabral dos. Criança e criminalidade no início do século. In DEL PRIORE, Mary (org.). *História das crianças no Brasil*. São Paulo: Contexto, 1999b, pp. 210-30.

SECRETARIA ESPECIAL DE DIREITOS HUMANOS; CONSELHO NACIONAL DOS DIREITOS DA CRIANÇA E DO ADOLESCENTE. *Documento referencial para o Sistema Nacional de Atendimento Socioeducativo – Sinase*. Brasília: Secretaria Especial de Direitos Humanos, 2006.

# INTELIGÊNCIA POLICIAL E CRIME ORGANIZADO

*Guaracy Mingardi*

> São Paulo – 12 de maio de 2006 – Logo após o cair da noite, o rádio da polícia começa a noticiar atentados contra policiais em todo o estado. Simultaneamente têm início rebeliões em metade dos presídios paulistas. Durante todo o final de semana os organismos policiais ficam sem ação, assistindo aos acontecimentos e tentando se defender dos ataques e ao mesmo tempo cercar os presídios para controlar as fugas. No terceiro dia, o Primeiro Comando da Capital, responsável pelos ataques, surpreende os órgãos de segurança novamente. Numa cidade sem policiamento, já que parte da polícia cercava presídios enquanto outra cuidava da própria segurança, os criminosos passam a queimar ônibus e metralhar bancos. No final do dia, em meio a boatos de todos os tipos, se estabelece o pânico na capital. A população corre para suas casas e causa o maior congestionamento da história paulista. A situação só começa a voltar ao normal quando uma comissão de policiais é enviada para conversar com um líder da organização criminosa. Como num passe de mágica as rebeliões terminam em todos os presídios e os ataques na rua também cessam.

O relato resume uma crise, a maior passada pela segurança paulista, quando o crime organizado foi mais ágil e eficiente do que os órgãos policiais. Desde o início, a organização criminosa teve estratégia, comando e utilizou as informações disponíveis. Enquanto isso, o aparelho repressivo atuou de forma estabanada, sem comando e, muitas vezes, cego por falta de informações. E o principal motivo disso foi a falta de um sistema de inteligência confiável.

Este capítulo procura mostrar que sem utilizar adequadamente a inteligência não é possível enfrentar as organizações criminosas. O trabalho cotidiano da polícia e do Ministério Público consegue lidar apenas com o crime comum, embora às vezes consiga uma vitória isolada contra algum ramo do crime organizado. Se a finalidade, porém, é mais do que ganhar uma ou outra batalha, os órgãos de segurança pública têm de compreender o que é uma organização criminosa e como funciona cada uma delas. E a única maneira de conseguir isso é através da inteligência policial.

## O que é organização criminosa?

O crime organizado não é um fenômeno recente. Encontramos indícios dele nos grandes grupos de contrabandistas do antigo regime na Europa, nas atividades dos piratas e corsários, nas grandes redes de receptação da Inglaterra do século XVIII etc. A diferença dos nossos dias é que as organizações criminosas se tornaram mais precisas, mais profissionais.

Um erro na análise do fenômeno é a suposição de que tudo é crime organizado. Mesmo quando se trata de uma pequena apreensão de crack num local remoto, alguns órgãos da imprensa falam em crime organizado. Em muitos casos, o varejo do tráfico é um dos crimes mais desorganizados que existe. É praticado por um usuário que compra de alguém umas poucas pedras de crack e fuma a metade. Ele não tem chefe, parceiros, nem capital de giro, apenas sua necessidade de suprir o vício. No outro extremo fica o grande traficante, muitas vezes um indivíduo que nem mesmo vê a droga, só utiliza seu dinheiro para financiar o tráfico ou seus contatos para facilitar as transações. A organização criminosa envolvida com o tráfico de drogas fica, na maior parte das vezes, entre esses dois extremos. É constituída de pequenos e médios traficantes e uns poucos traficantes de grande porte.

Nas outras atividades a situação é a mesma, no roubo e furto de veículos, por exemplo. Na maior parte deles não existe nenhuma organização por trás do crime. No máximo ele é praticado por quadrilhas comuns. Existem, porém, organizações criminosas especializadas em roubo de veículos. A mesma coisa ocorre com outros tipos de crime, no contrabando, por exemplo, que pode ser praticado por um indivíduo, uma quadrilha ou uma organização criminosa. Portanto, não é a modalidade do crime que identifica a existência de crime organizado. Para defini-lo temos de trabalhar com as características do crime organizado que o tornam diferente do crime comum. E essas características, para a maioria dos autores, são cinco:

- hierarquia;
- previsão de lucros;
- divisão do trabalho;
- planejamento empresarial;
- simbiose com o Estado.

As quatro primeiras características são praticamente consensuais entre os especialistas, mas a quinta delas, a simbiose com o Estado, é descartada muitas vezes pelos agentes públicos. Acredita-se, porém, que ela é isoladamente a mais importante das cinco. Isso porque em todos os casos ou organizações estudados aparece uma ligação entre o crime organizado e a máquina do Estado. Mesmo que essa ligação seja de baixo nível, envolvendo apenas os setores menos importantes da máquina, sempre existe alguém com poder colaborando para que aquela organização criminosa continue a operar. Um desmanche de carros roubados só consegue operar se tiver respaldo da fiscalização ou da polícia. Um ponto de tráfico, que funciona anos a fio no mesmo local, só continua em atividade se tiver algum tipo de proteção. Para entender esse ponto de vista, basta o leitor andar pela rua e verificar a tranquilidade com que os apontadores do jogo do bicho operam.

Outra característica marcante do crime organizado é que ele tem duas modalidades diferentes: o *tradicional* e o *empresarial*. O primeiro tipo, o *tradicional*, é uma organização criminosa que possui um modelo de relacionamento entre os membros baseado no apadrinhamento. O indivíduo só entra na organização através da recomendação de um membro antigo que o avalia e se responsabiliza por ele. A partir de então a carreira dos dois fica interligada. Diferencia-se também do modelo empresarial pelo sistema de clientela, imposição da lei do silêncio e o controle pela força de determinada porção de território. Normalmente essas organizações obtêm lucro da venda de mercadorias ou serviços ilícitos. Além disso, normalmente não são organizações especializadas. Vide o caso da mais famosa delas, a máfia siciliana. Só na segunda metade do século passado, a máfia já atuou no contrabando de cigarros, tráfico de heroína, tráfico de morfina, extorsão, sequestro, venda de proteção, formação de cartel, homicídio de aluguel etc. Outra característica interessante das organizações criminosas tradicionais é que normalmente elas nascem em circunstâncias muito específicas:

- Na cadeia, a partir de uma liga de presos. Como a Camorra napolitana, que tem mais de um século de existência;
- Pela união de pequenas quadrilhas, criando um conselho ou empossando um chefão, como a Yakuza;
- Através de laços de sangue que unem grupos numa terra dominada por estranhos, num modelo parecido com o da máfia de Nova York;
- Pela união de grupos interessados na manutenção do monopólio de uma mercadoria ou serviço, como o Cartel de Cali.

No Brasil, o tipo que mais preocupa atualmente é o primeiro, haja vista que foi na cadeia que surgiram o Comando Vermelho, o Primeiro Comando da Capital (PCC) e o Terceiro Comando.

Já o crime organizado *empresarial* tem um modelo menos definido, mais difícil de diferenciar das simples quadrilhas ou de uma empresa legal. Sua característica mais marcante é transpor para o crime métodos empresariais, ao mesmo tempo em que deixa de lado conceitos como honra, lealdade e obrigação. As relações entre os membros são apenas de trabalho, sem qualquer vínculo mais forte. Outra característica importante é que geralmente são quadrilhas especializadas, ou seja, atuam com determinado tipo de crime. A lavagem de dinheiro, por exemplo, é uma especialidade desse tipo de organização criminosa.

No Brasil, organizações como a do jogo do bicho se adaptam ao modelo do crime organizado tradicional. Já as organizações voltadas para o roubo de carga, roubo de veículos e lavagem de dinheiro se enquadram no modelo empresarial. No caso do tráfico de drogas ilícitas, a definição é mais difícil, pois depende muito da região do país em que agem e em que etapas do tráfico atuam. Nas organizações de tráfico internacional, por exemplo, temos estruturas tradicionais, como a dos grupos nigerianos que usam o Brasil como ponto de passagem da cocaína para a Europa, enquanto outras estruturas são altamente especializadas e empresariais.

Outra lenda que deve ser mencionada é a do comando centralizado, do poderoso chefão. Na maior parte dos casos o poder é fragmentado. Geralmente existem vários grupos que podem se aliar ou se combater, fato que dependerá das circunstâncias. Segundo Blumenthal (1990), os esforços iniciais do governo americano para entender a Máfia pecaram pela falta de compreensão do problema:

> Para além das famílias muitas vezes constituídas com vistas largas, a Máfia era composta por aquilo que os italianos mais experientes chamavam de cosche, ou cliques, grupos geográficos e consanguíneos que formavam alianças variáveis e muitas vezes alimentavam rivalidades letais com outras cliques, às vezes dentro da mesma família.

Atualmente, entender o inimigo é um problema básico dos organismos de repressão no Brasil. E o primeiro passo para isso é saber se, naquele caso específico, estão lidando com uma organização criminosa centralizada ou fragmentada e se não se trata apenas de uma quadrilha como o PCC, por exemplo. É comum que policiais ou promotores afirmem que um determinado preso controla toda a organização. Isso está baseado apenas na presunção, não em uma análise acurada. É improvável que este preso, sozinho e isolado, tenha condições de impor seu comando em mais da metade dos presídios paulistas, assim como nos membros de uma quadrilha fora da cadeia.

Entender de fato o que ocorre em uma organização criminosa implica utilizar os mecanismos de obtenção de dados e análise criminal que só podem ser obtidos através da inteligência policial, cujo conceito ainda não está claro para a maioria dos policiais e muito menos para os políticos responsáveis pela segurança pública.

## O que é inteligência policial?

Antes de falar no uso de inteligência no combate ao crime organizado, é necessário definir o nosso objeto. Existem muitas lendas a respeito da inteligência e seus usos, portanto nossa primeira tarefa é aproximar a ideia da realidade. A definição utilizada nos cursos da Agência Brasileira de Inteligência (Abin) é a de que a inteligência tem por objetivo:

> A obtenção, análise e disseminação de conhecimentos dentro e fora do território nacional sobre fatos e situações de imediata ou potencial influência sobre o processo decisório e a ação governamental e sobre a salvaguarda e a segurança da sociedade e do estado (Lei n. 9.883, art. 1º, parágrafo 2º).

É evidente que neste caso se trata da inteligência de Estado, que tem escopo mais amplo do que a inteligência policial ou criminal, que lida basicamente com as questões da investigação e prevenção ao crime e da repressão aos criminosos.

É através das atividades da produção de conhecimento que se pode sistematizar informações para auxiliar o trabalho da prevenção e repressão não só no combate ao crime organizado mas também ao crime comum. Na verdade, as principais diferenças entre a inteligência de Estado e a policial são o foco mais restrito e o maior controle da legalidade da segunda. Fora isso, os métodos e as técnicas são muito parecidos. A comparação entre dois órgãos de inteligência britânicos pode mostrar as diferenças entre os dois modelos.

Uma das mais antigas organizações policiais a trabalhar com inteligência foi a Divisão Especial da Scotland Yard. Foi criada em 1883 inicialmente como uma seção pequena do Departamento de Investigação Criminal (o CID) da Polícia Metropolitana. Seu propósito era combater, em uma base nacional, a campanha de terrorismo dos separatistas irlandeses. Com o passar do tempo, a divisão assumiu responsabilidade de se opor a uma gama extensiva de extremistas e atividades terroristas. Atualmente tem como função:

- Coletar e analisar informações sobre extremismo político e atividade terrorista;
- Disseminar inteligência de uso operacional para as polícias na Grã-Bretanha;
- Identificar suspeitos em trânsito pelo país.

Além disso, deve ajudar outras agências em casos de desordem pública, espionagem, sabotagem e subversão.

Muitas dessas atividades são compartilhadas com o Militar Inteligency Five, mais conhecido pela sigla MI5 e que é o órgão de segurança do Estado britânico. Esse órgão é responsável por proteger o país contra ameaças à segurança nacional, que incluem terrorismo, espionagem e a proliferação de armas de destruição em massa. No que então consiste a diferença entre eles?

Na verdade, a diferença tem muito a ver com os meios empregados. A Divisão Especial é uma *unidade policial*, voltada para combater o delito. Seus membros atuam para impedir que o crime ocorra ou para identificar os autores dos crimes já ocorridos. Qualquer ação que não envolva comportamento ilícito não deveria estar, pelo menos em tese, dentro de suas atribuições. Os relatórios e análises da Divisão muitas vezes acabam por ser utilizados no tribunal, o que implica seguir algumas normas mais restritas para não invalidar as provas. Já o MI5 é um organismo de *segurança interna*. Realiza trabalhos como seguir diplomatas estrangeiros, manter contatos com organismos de espionagem britânicos ou do exterior, infiltrar agentes nos sindicatos, grampear telefones sem ordem judicial etc. Seus relatórios servem apenas para orientar o governo ou direcionar o trabalho das unidades policiais. Por exemplo, o MI5 não pode prender um suspeito; para efetuar uma prisão seus agentes têm de contatar a divisão especial. Ou seja, embora os fins das duas organizações sejam os mesmos, uma utiliza meios legais (pelo menos em teoria) enquanto a outra utiliza qualquer meio à disposição para atingir seu objetivo. Outra diferença é o cliente final do trabalho de cada agência. A divisão tem como cliente final o judiciário, portanto tem de apresentar provas de suas afirmações. O MI5 tem como cliente preferencial o ministério e a administração superior, para quem apresenta relatórios analíticos.

No caso brasileiro não existe um sistema definido. Cada estado da federação tem ou não um sistema de inteligência policial. Na maioria das vezes, existe uma multiplicidade de órgãos que disputam migalhas de informações. Vamos pensar no caso específico do estado de São Paulo.

A Polícia Militar tem seu grupamento de inteligência, com *status* de batalhão, que é a P2, e cada batalhão tem sua própria unidade de P2. Na Polícia Civil existe o Dipol (Departamento de Inteligência Policial). No Departamento de Narcóticos (Denarc) também existe uma divisão de inteligência, da mesma forma que no DEIC, departamento que deveria enfrentar o crime organizado, mas cuida basicamente de crimes contra o patrimônio. Com frequência, os departamentos de polícia do interior também têm seus setores de inteligência. Mesmo assim, cada vez que ocorre uma rebelião nos presídios ou um ataque contra a polícia, os órgãos policiais são pegos desprevenidos. Ou seja, existem muitos órgãos e pouca inteligência.

A dispersão de esforços começa na coleta dos dados, seja através de agentes de campo ou da coleta de informações públicas. As diversas agências com frequência correm atrás do mesmo objetivo, através das mesmas fontes, por falta de comunicação ou de delimitação de tarefas ou até por pura rivalidade. O mesmo ocorre na hora do armazenamento dos dados. Na maioria dos estados, os dados coletados pelos órgãos de segurança pública normalmente são armazenados em bancos de dados diferentes, muitas vezes ficando apenas no papel.

Se considerarmos apenas os órgãos mais diretamente envolvidos na persecução penal, as fontes para busca desses dados são:

- Polícia Militar – boletim de ocorrência policial militar, relatórios de atendimento, telefonemas 190;
- Polícia Civil – boletins de ocorrência, inquéritos policiais e relatórios de investigação;
- Ministério Público – processos, denúncias e relatórios de casos.

Vejamos um exemplo concreto: o inquérito policial. Nele estão o boletim de ocorrência, depoimentos, perícias etc. Esse é o documento que possui o maior número de dados de toda a cadeia policial. Apesar disso, as informações que constam nos autos normalmente são de difícil recuperação. Um dos motivos é que uma parte considerável dos inquéritos é arquivada como "sem solução". Vão para arquivos em que ficam juntando pó, a não ser na improvável hipótese de que apareçam novas provas. Com certeza esses dados não estão disponíveis de forma rápida e segura.

Para tratar das informações relevantes, a Polícia Civil paulista criou seu boletim de ocorrência eletrônico (Infocrim) e o Ministério Público criou o Sistema de Movimentação de Autos, um banco de dados que permite armazenar toda a informação relevante contida nos inquéritos. Apesar disso, o número de dados não acessíveis continua enorme. Mas mesmo que pudessem ser acessados, não existe uma cultura institucional que leve os membros do Ministério Público e da Polícia Civil a utilizarem as informações disponíveis nos bancos de dados.

Outro óbice para a falta de um sistema funcional é a visão investigativa. Esses organismos trabalham com uma visão muito restrita de conhecimento. A informação por eles buscada tem de ter utilidade imediata, pois é vista como parte de uma investigação em curso, não como uma peça a mais num quebra-cabeças de longo prazo. A confusão entre inteligência policial e investigação policial, aliás, é comum em vários países. Mesmo no caso do Reino Unido, citado anteriormente como exemplo, o fato de os policiais da Divisão Especial efetuarem prisões compromete a atuação de um órgão de inteligência. Quanto mais separação houver entre a área operacional e a de inteligência melhor. Uma quer resultados imediatos, a outra pode esperar um tempo mais longo. Isso é facilmente notado na forma de utilizar as fontes. Um policial operacional só procura seu informante quando necessita de uma informação específica. Já um agente de inteligência tem de cultivar o relacionamento com o informante, procurando-o periodicamente e extraindo dele informes, que podem não ter utilidade imediata, mas analisados em conjunto com outros podem gerar conhecimento útil.

Um exemplo nefasto da mistura dessas duas funções foi o caso do GRADI/PM (Grupo de Repressão e Análise dos Delitos de Intolerância), ocorrido em São Paulo entre 2001 e 2002. O GRADI era uma unidade da Polícia Militar que infiltrou ilegalmente presos em quadrilhas supostamente do PCC e que realizou várias operações que resultaram na morte de criminosos reais ou supostos. O caso mais conhecido foi a Operação Castelinho, que provocou a morte de 12 pessoas em março de 2002. O Ministério Público denunciou 53 policiais militares por homicídio triplamente qualificado, sob a alegação de que a PM e presos infiltrados teriam inventado um suposto roubo de avião e atraído os suspeitos para serem mortos. Em outras palavras, o Ministério Público acredita que os policiais do GRADI utilizaram o chamado "agente provocador" para incitar pessoas ao crime para depois matá-las. Método, aliás, muito empregado pela *Okrana*, polícia de segurança czarista e que na verdade só serviu para aumentar o número de revolucionários em potencial.

Quanto à utilidade da informação, é importante lembrar que o *timing* na área de inteligência é fundamental. Segundo o historiador militar John Keegan, a grande questão para se produzir inteligência utilizável é a de responder adequadamente as perguntas básicas (quem, quando, onde e como) em tempo real. Isso significa que devem chegar a tempo de serem utilizadas com proveito pelos órgãos operacionais. No caso da segurança pública, isso significa a tempo de prevenir o crime, precaver-se contra uma nova modalidade criminal ou pelo menos identificar os autores, mesmo que ainda sem provas.

O ideal é a antecipação, mas mesmo isso não basta, pois algumas vezes a informação é desconsiderada pelos órgãos de execução. Uma autoridade do Ministério da Justiça confidenciou que uma das poucas informações utilizáveis que conseguiram sobre o tráfico no Rio de Janeiro revelou que membros de uma organização de tráfico iriam invadir outra favela num determinado dia. Essa informação foi retransmitida antecipadamente à Secretaria de Segurança do Rio, que simplesmente ignorou a "dica" e só se mexeu depois que o tiroteio já havia começado. Portanto, a informação não apenas tem de chegar em tempo, mas também vir de uma fonte que detenha a confiança e simpatia do usuário final.

Saindo da esfera operacional, vamos nos debruçar um pouco sobre a delimitação do terreno, o que no nosso caso significa entender por que esse tipo de crime pode ser combatido eficazmente com o emprego da inteligência criminal.

Como neste capítulo estamos discutindo especificamente o uso da inteligência para combater o crime organizado, deixamos de lado o uso da inteligência no enfrentamento dos crimes cometidos por gangues, quadrilhas e indivíduos isolados. É bom lembrar, porém, que a inteligência criminal pode ser útil até mesmo nos crimes individuais, principalmente na prevenção e em alguns tipos especiais de repressão, como no caso de criminosos em série (estupradores, homicidas etc.).

No caso específico das organizações criminosas, a inteligência pode e deve ser usada em qualquer tipo de crime: tráfico, contrabando, jogo, prostituição, roubo de carga etc. Através da coleta e da análise de informações, os organismos de inteligência podem mapear as organizações criminosas e estabelecer padrões organizacionais e conexões entre indivíduos ou grupos. Além de mapear o agora, os mecanismos de inteligência também são essenciais para identificar tendências, dando ao aparelho repressivo oportunidade não apenas de prever os desdobramentos do crime organizado como também de preveni-los.

Outra faceta importante que tem de ser levada em conta é que a inteligência não pode se resumir apenas ao acúmulo de dados. A quantidade de dados armazenados na documentação produzida pelas polícias brasileiras é enorme. Mais importante que acumular dados é fazê-lo de uma forma que possibilite a recuperação e, principalmente, o interesse em utilizá-los. Em um de seus livros, Conan Doyle, criador de Sherlock Holmes, põe na boca de seu personagem a seguinte frase "a polícia sabe muito bem juntar dados, embora não seja muito boa em usá-los". Embora proferida por um personagem da ficção, essa frase não está muito fora da realidade. Os dados coletados pela polícia normalmente não são armazenados adequadamente (como vimos anteriormente) e muito menos analisados, a não ser para efeito do caso específico que motivou sua coleta. Em outras palavras, esses dados não são processados regularmente, portanto a maior parte deles não se transforma em informação, muito menos em conhecimento.

Existe toda uma sequência de passos a serem tomados antes que um informe qualquer se transforme em conhecimento utilizável, venha ele de fontes ocultas (infiltração, interceptação, negociação, denúncia) ou de fontes abertas (internet, geoprocessamento, arquivos, inquéritos etc.). Esses passos correspondem aos seis procedimentos básicos da análise criminal:

1. **Definição.** Apresentação do material.
2. **Consultas.** Pesquisas nos diversos bancos de dados de informações relacionadas ao caso.
3. **Seleção.** Triagem dos dados levantados, conservando os relevantes e eliminando os inúteis.

4. **Análise.** Todos os elementos obtidos até o momento são fragmentados e analisados em suas partes, a fim testar sua validade.
5. **Síntese.** Juntar de novo as peças a fim de proporcionar uma resposta, ao mesmo tempo sugerindo possibilidades de encaminhamento.
6. **Disseminação.** Encaminhar o material coletado e analisado.

Apesar de exigir tratamento metódico, o processamento dos informes pode ser bastante rápido. Depende muito do acúmulo de material e de conhecimento. É como na montagem de um quebra-cabeças, os primeiros passos são lentos, mas à medida que as peças se acumulam a velocidade aumenta exponencialmente. Em outras palavras, um informe que venha a se juntar a outros, fechando o quebra-cabeças, tem grande chance de ser analisado e utilizado em tempo real.

Outro fator a considerar é que a escolha é uma parte integrante da análise de inteligência. Apesar de o objetivo da inteligência ser o conhecimento da realidade, a informação disponível geralmente é insuficiente e com frequência contraditória. Sendo assim, a análise de inteligência nada mais é do que preencher as lacunas da informação através do julgamento analítico. Segundo Heuer, existem três abordagens possíveis numa análise de inteligência:

- **Aplicação de teoria** – uma generalização baseada no estudo de muitos exemplos de algum fenômeno. Especifica que quando um determinado jogo de condições surgir, certas condições tem algum grau de probabilidade de se seguir.
- **Lógica de situação ou situacional** – é uma forma de análise que trabalha com os elementos concretos da situação atual. O analista busca identificar os antecedentes lógicos ou consequências desta situação.
- **Comparação histórica** – visa a entender os eventos atuais comparando-os com precedentes históricos no mesmo local ou com eventos semelhantes em outros locais.

É evidente que muitas vezes a análise só é possível através da utilização de mais de uma dessas abordagens. Por exemplo, o analista pode usar a teoria como base de sustentação ao mesmo tempo em que produz uma análise situacional. Depende do problema e da capacidade do encarregado de montar o quebra-cabeças.

Não basta, porém, montar um setor de inteligência dentro dos padrões, com capacidade de realizar coleta de dados, análise e armazenamento. Uma questão ainda não resolvida pela maioria das polícias é o que fazer com ele. Em alguns casos, como na crise mencionada no início deste artigo, as informações são simplesmente ignoradas pelos *policy-makers*.

No que diz respeito às organizações criminosas, é possível identificar pelo menos seis possíveis utilizações para as informações produzidas pelo setor de inteligência:

- Reprimir casos concretos – ajudar a identificar grupos de criminosos, através do *modus operandi*, características físicas dos membros, área de atuação etc.;
- Prevenir crimes – identificar os chamados "pontos quentes", locais que concentram a maioria dos crimes em uma área urbana, e também os horários em que os crimes ocorrem;
- Prever tendências – identificar os próximos desdobramentos do crime, ou seja, para onde ele vai migrar, qual o tipo de crime que será a próxima moda, movimentos das gangues etc;
- Identificar as lideranças e os elementos-chave das organizações criminosas;
- Monitorar a movimentação cotidiana da organização para identificar sua rotina;
- Identificar pontos fracos e informantes em potencial.

Temos de partir do princípio que o crime organizado veio para ficar, que não vai desaparecer após uma ou duas operações policiais. E que para mantê-lo sob controle é necessário possuir informações confiáveis e utilizáveis. Portanto, a única maneira de enfrentar as organizações criminosas existentes, e as que ainda vão surgir, é munir as polícias e o Ministério Público com informações que permitam entender o problema e elaborar estratégias eficientes para confrontá-lo. Mais do que chamar o exército para subir ou descer morros, é o uso da inteligência que vai definir o nível de criminalidade que teremos de suportar nos próximos anos.

## Bibliografia

BLUMENTHAL, Ralph. *Os últimos dias dos Sicilianos*. Lisboa: Portugal Bertrand, 1990.

CEPIK, Marco A. C. *Espionagem e democracia*. Rio de Janeiro: FGV, 2003.

CERQUEIRA, Carlos Magno Nazareth. *Psicologia da corrupção*. Rio de Janeiro: Polícia Militar, 1989, mimeo.

COELHO, Magda Prates. Crime organizado e pobreza: uma nova associação. In: *Polícia Militar, Estado e Sociedade*. Belo Horizonte: Fundação João Pinheiro, 1992.

DOUGLAS, John et al. *Crime Classification Manual*. San Francisco: Jossey-Bass Publishers, 1992.

HEUER JR., Richards J. *Psychology of Intelligence Analysis*. Disponível em <www.cia.gov/csi/books>.

KEEGAN, John. *Inteligência na guerra*. São Paulo: Companhia das Letras, 2003.

LEWIS, Norman. *The Honoured Society*. New York: Eland Books/London: Hippocrene Books Inc., 1985.

# SEGURANÇA, JUSTIÇA E DIREITOS HUMANOS NO BRASIL

*Paulo de Mesquita Neto*

Os direitos humanos tornaram-se irrelevantes para controlar e prevenir crimes e violências praticadas por governos e agentes governamentais depois da transição do autoritarismo para a democracia no Brasil? O respeito aos direitos humanos é um obstáculo ou uma necessidade na prevenção e controle do crime e da violência e na luta contra o crime organizado? Em que condições e de que maneira leis e políticas de proteção dos direitos humanos podem contribuir para aumentar a segurança e promover a justiça diante do crescimento do crime, da violência, principalmente do crime organizado, e da persistência de um alto grau de impunidade no país?

Desde o ataque terrorista às Torres Gêmeas em Nova York, em 11 de setembro de 2001, em diversos países e regiões do mundo tem havido um questionamento aberto de leis e políticas de proteção e promoção dos direitos humanos. Não é que estas leis e políticas fossem amplamente respeitadas e defendidas antes do ataque, mesmo nas democracias consolidadas da América do Norte e Europa Ocidental. Ao contrário, eram frequentemente desrespeitadas, mas seu desrespeito permanecia na maioria das vezes oculto ou não comprovado. Quando comprovados, violações dos direitos humanos eram punidas pelos tribunais ou pelo menos condenadas pela opinião pública. Nos Estados Unidos, entretanto, desde 11 de setembro, a maioria da população passou a apoiar restrições aos direitos civis impostas pelo governo ou tolerar violações dos direitos humanos, inclusive a prática de tortura e a detenção arbitrária de suspeitos, em troca da promessa de que tais práticas tornariam o país e o mundo mais seguro diante das ameaças do terrorismo.

No Brasil, a mesma lógica levou governos estaduais e o governo federal a restringir direitos civis e tolerar execuções, torturas e prisões arbitrárias, a pretexto de combater o crime organizado e a prática do sequestro em diversos estados do país. Instituições policiais, judiciárias e penitenciárias e mesmo instituições de detenção de adolescentes não ficaram imunes a essa tendência. Em 2003, no estado de São Paulo, 975 pessoas foram mortas pela polícia, número inferior apenas aos registrados em 1991 e 1992. Em 2005, somente na cidade do Rio de Janeiro, 1.087 pessoas foram mortas pela polícia.

As ameaças do crime organizado, assim como do terrorismo, são reais. Defensores dos direitos humanos têm dificuldade de (e em alguns casos se recusam a) discutir e negociar políticas para controlar e prevenir essas ameaças. Organizações de direitos humanos muitas vezes ainda adotam uma postura de crítica e oposição absoluta, sem discussão e negociação, a qualquer lei ou política que implique restrições de direito, mesmo aquelas propostas e adotadas por governos eleitos democraticamente, empenhados efetivamente no controle e prevenção do crime e da violência.

Essa postura, atenuada durante o governo Fernando Henrique Cardoso (1994-2002), tem condenado organizações de direitos humanos à radicalização e praticamente irrelevância diante de políticas governamentais pouco ou não comprometidas com a defesa dos direitos humanos. A formulação e implementação de políticas de segurança pública, justiça criminal e administração penitenciária, com raras exceções, continuam a ser dominadas por políticos, policiais, promotores e juízes sem compromissos com os direitos humanos e, por vezes, comprometidos com práticas de violência e corrupção. Policiais, promotores e juízes empenhados na defesa dos direitos humanos continuam a ser minoritários dentro de suas instituições.

A defesa dos direitos humanos é frequentemente taxada de e identificada como defesa dos direitos dos "bandidos". Grupos de direitos humanos são marginalizados e excluídos do debate público e conseguem ganhar visibilidade e influência no processo político apenas diante de casos extremos de violação de direitos humanos com repercussão nacional e internacional. Exemplos destes casos são os massacres do Carandiru e de Eldorado dos Carajás, execuções e chacinas praticadas por policiais, torturas praticadas contra pessoas em custódia da polícia ou presas em instituições de privação de liberdade.

A consequência é a persistência, e em alguns casos aumento, da violência e da corrupção nas polícias e prisões, aliada à impunidade dos responsáveis por violações de direitos humanos, o que contribui para a falta de confiança da população nas instituições de segurança pública, justiça criminal e administração penitenciária. Essa falta de confiança, por sua vez, contribui para o distanciamento e baixa colaboração da população com a polícia e a justiça no controle e prevenção do crime e da violência. Contribui ainda para o crescimento dos serviços de segurança privada, legais e ilegais, muitas vezes dirigidos e prestados por policiais e ex-policiais e mesmo pelo crime organizado.

Para reverter essa situação, mesmo sem abrir mão de seus valores, os defensores de direitos humanos têm que se engajar mais decisivamente no estudo e na pesquisa, no debate público, nas discussões e negociações sobre políticas de controle e prevenção do crime e da violência e principalmente de enfrentamento do crime organizado.

Não é suficiente, e pode até ser contraproducente, aceitar ou defender políticas tradicionais de repressão criminal, sob a condição de que estas políticas estejam sob controle democrático e não resultem em graves violações dos direitos humanos. Também não é suficiente defender a ampliação das garantias de direitos econômicos, sociais e culturais, como se a garantia limitada e parcial desses direitos fosse responsável pelo aumento do crime e da violência no país. O desafio é demonstrar *se* e *como* políticas de segurança pública, justiça criminal e administração penitenciária comprometidas com a defesa dos direitos humanos podem ganhar legitimidade, eficácia e eficiência no controle e prevenção do crime e da violência e na luta contra o crime organizado.

## Direitos humanos no pós-guerra

Ao final da Segunda Guerra Mundial, uma iniciativa inédita na política internacional levou à criação da Organização das Nações Unidas (ONU) em 1945 e à promulgação da Declaração Universal dos Direitos Humanos em 10 de dezembro de 1948 – data desde então conhecida como Dia Internacional dos Direitos Humanos. A ONU e a Declaração Universal foram frutos de uma reação aos horrores da guerra e particularmente da política de execuções e torturas praticada nos campos de concentrações nazistas.

Em 1966, a ONU adotou o Pacto Internacional sobre os Direitos Civis e Políticos e o Pacto Internacional sobre os Direitos Econômicos, Sociais e Culturais, que estabeleceram uma série de direitos para proteger e promover a integridade e a dignidade da pessoa humana e proibiram, sob quaisquer circunstâncias, a prática de torturas e execuções extrajudiciais. Esses dois documentos, junto com o Primeiro e o Segundo Protocolo Opcional ao Pacto Internacional de Direitos Civis e Políticos e a Declaração Universal dos Direitos Humanos, formam a Carta Internacional dos Direitos Humanos.

Desde final dos anos 1960, os direitos humanos ganharam importância no sistema internacional e passaram a ser incorporados em constituições, leis e políticas públicas em países democráticos. Ao mesmo tempo, a defesa dos direitos humanos passou a ser uma das principais bandeiras de partidos políticos e organizações da sociedade civil fazendo oposição a regime autoritários na Europa, América Latina, África e Ásia.

Nos Estados Unidos, os direitos humanos foram incorporados à política externa durante o governo Jimmy Carter (1977-1981), que promoveu a sua defesa em países com regimes comunistas e autoritários. Entre outras ações, o governo Jimmy Carter e organizações internacionais de direitos humanos, como a Anistia Internacional e o Human Rights Watch (então denominada Americas Watch), denunciaram as violências praticadas pelos governos militares e apoiaram o movimento de transição para a democracia no Brasil.

## Anos 1960 e 1970

No Brasil, o regime autoritário (1964-1984) foi marcado por graves violações dos direitos humanos, incluindo torturas, execuções, desaparecimentos, restrições à liberdade de associação e expressão e à liberdade sindical. Os governos militares intensificaram a repressão política de 1968 a 1972, época de maior enfrentamento com grupos armados de resistência ao regime autoritário. Nesse período, as graves violações de direitos humanos que normalmente se restringiam aos criminosos e suspeitos de crimes, à população pobre, atingiram também os dissidentes políticos e setores das elites brasileiras. Livros como *Brasil: tortura nunca mais* (Arquidiocese de São Paulo, prefácio de D. Paulo Evaristo Arns), *Meu depoimento sobre o Esquadrão da Morte* (Hélio Bicudo) e *Rota 66* (Caco Barcelos) são registros históricos das graves violações de direitos humanos nessa época.

Na década de 1970, organizações da sociedade civil e de defesa dos direitos humanos estiveram à frente do movimento pela redemocratização do país. Entidades como a Comissão Justiça e Paz, ligada à Igreja Católica, a Ordem dos Advogados do Brasil e a Associação Brasileira de Imprensa tiveram um papel decisivo na luta contra a repressão política e na defesa dos direitos humanos no país.

Na década de 1980, essas organizações se uniram ao movimento sindical e popular e apoiaram a fundação de novos partidos. Contribuíram para mobilizar a população no movimento por eleições diretas para presidente em 1983-84, para a derrota do regime militar na eleição presidencial de 1984, a transição para o governo civil em 1985 e a promulgação da Constituição Federal de 1988.

## Anos 1980

A Constituição Federal de 1988 incorporou no seu texto os direitos humanos como um dos princípios fundamentais da política externa brasileira (artigo 4º) e também a maioria dos direitos civis, políticos, econômicos, sociais e culturais estabelecidos nos tratados internacionais de direitos humanos (artigo 5º).

Em 1968-69, no auge do regime militar, o Brasil havia assinado e ratificado a Convenção Internacional contra Todas as Formas de Discriminação Racial. Mas os governos militares não reconheciam a discriminação racial e não adotaram leis e políticas para erradicar a prática. Apenas após a transição democrática, com a promulgação da Lei Federal n. 7.716, em 1989, complementada pela Lei Federal n. 9.459, em 1997, foram tipificados e apenados os crimes de discriminação ou preconceito de raça, cor, etnia, religião ou procedência nacional.

O Brasil assinou em 1981 e ratificou em 1984 a Convenção contra Todas as Formas de Discriminação contra as Mulheres. Assinou em 1985 e ratificou em 1990 a Convenção contra a Tortura e outras Punições e Tratamentos Cruéis, Desumanos ou Degradantes – apesar de não reconhecer e aderir às cláusulas 21 e 22 da convenção. Assinou em 1986 e ratificou em 1989 a Convenção Interamericana para Prevenir e Punir a Tortura. Em 1990, o Brasil assinou e ratificou a Convenção Internacional dos Direitos da Criança, tendo votado no mesmo ano o Estatuto da Criança e do Adolescente (Lei Federal n. 8.069).

Entretanto, com a experiência e o aprendizado de práticas e técnicas de repressão política durante vinte anos de regime autoritário, as forças armadas e as polícias continuaram a adotar essas práticas e técnicas na repressão ao crime e à delinquência juvenil. Com o crescimento do crime e da violência, particularmente do tráfico de drogas e armas e do crime organizado a partir da década de 1980, houve intensificação e sofisticação no uso dessas práticas e técnicas pelas organizações policiais e no emprego das forças armadas na repressão ao crime organizado e na manutenção da lei e da ordem.

Em contraste com o que aconteceu em setores como economia, saúde, educação e promoção social, as leis regulando a estrutura e funcionamento das organizações atuando nos setores da segurança pública, justiça criminal e administração penitenciária pouco mudaram na sequência da transição para a democracia. Na área da segurança pública, polícias federais e estaduais mantiveram as lideranças e preservaram as estruturas que tinham durante o regime militar. Apenas no final da década de 1990 e início da década de 2000, policiais formados durante o período de transição para a democracia passaram a ocupar os cargos mais altos na hierarquia das polícias.

## Anos 1990

Apesar das mudanças constitucionais, apenas na década de 1990 os direitos humanos ganharam força e passaram a influenciar as políticas governamentais na área da segurança pública. Um marco nesse processo foi o assassinato de

111 presos durante uma operação da Polícia Militar para reprimir uma rebelião na Casa de Detenção do Complexo do Carandiru em 2 de outubro de 1992, véspera da eleição para o governo do estado, na região central da cidade de São Paulo. Nesse ano, incluindo os presos mortos no que ficou internacionalmente conhecido como "Massacre do Carandiru", policiais militares e civis foram responsáveis pela morte de 1.458 pessoas no estado de São Paulo (1.451 mortos por policiais militares e 7 por policiais civis). No mesmo ano, 125 policiais foram mortos (124 policiais militares e 1 policial civil).

O Brasil ratificou o Pacto Internacional dos Direitos Civis e Políticos e o Pacto Internacional dos Direitos Econômicos, Sociais e Culturais em 1992 – apesar de não ratificar o Primeiro e o Segundo Protocolo Opcional ao Pacto Internacional dos Direitos Civis e Políticos. Ainda em 1992, ratificou a Convenção Americana de Direitos Humanos. Assinou em 2001 e ratificou em 2002 o Protocolo Opcional à Convenção sobre a Eliminação de Todas as Formas de Discriminação contra as Mulheres. Assinou em 2000 e ratificou em 2004 o Primeiro e o Segundo Protocolo Opcional à Convenção sobre os Direitos da Criança. Assinou em 2003, mas não ratificou o Protocolo Opcional à Convenção contra a Tortura. E não assinou a Convenção Internacional sobre os Direitos dos Trabalhadores Migrantes e Membros de Suas Famílias. Assinou em 1998 e ratificou em 2002 o Estatuto de Roma, que dispõe sobre a Corte Criminal Internacional.

Entretanto, também importante do ponto de vista da estrutura e funcionamento das instituições de segurança pública, justiça criminal e administração penitenciária, o Brasil ainda não incorporou em suas leis, políticas e instituições os princípios básicos e regras mínimas de direitos humanos para policiais, promotores, juízes e advogados. Esses princípios e regras são definidos em documentos adotados pelas Nações Unidas desde o final dos anos 1970, entre os quais se destacam:

- Regras Mínimas para o Tratamento de Prisioneiros;
- Princípios para Proteção de Todas as Pessoas sob Qualquer Forma de Detenção ou Prisão;
- Princípios Básicos para o Tratamento de Prisioneiros;
- Regras Mínimas para a Administração da Justiça Juvenil;
- Regras para Proteção de Adolescentes Privados de Liberdade;
- Código de Conduta para Policiais;
- Princípios Básicos sobre o Uso da Força e Armas de Fogo por Policiais;
- Princípios Básicos sobre a Independência do Judiciário;
- Princípios Básicos sobre o Papel dos Advogados;
- Guia sobre o Papel dos Promotores;

- Princípios sobre a Efetiva Prevenção e Investigação de Execuções Extralegais, Arbitrárias e Sumárias;
- Princípios sobre a Efetiva Investigação e Documentação da Tortura e Outros Tratamentos e punições Cruéis, Desumanos ou Degradantes;
- Princípios sobre o Status de Instituições Nacionais (Princípios de Paris).

Governo e sociedade civil deram passos importantes para incorporar os princípios e normas de proteção dos direitos humanos às práticas de controle e prevenção do crime no país:

- A Lei Federal n. 9.299/1996 transferiu da Justiça Militar para a Justiça Comum a competência para o julgamento de policiais militares acusados de crimes dolosos contra a vida;
- A Lei Federal n. 9.455/1997 tipificou o crime de tortura;
- A instituição do Programa Nacional de Direitos Humanos em 1996, revisado e atualizado em 2002;
- A criação da Secretaria Nacional dos Direitos Humanos em 1997, vinculada ao Ministério da Justiça, posteriormente transformada em Secretaria de Estado e em Secretaria Especial dos Direitos Humanos, vinculada à presidência da República;
- A Emenda Constitucional n. 45, de 2004, referente à reforma do Poder Judiciário, no artigo 109, parágrafo 5º, autorizou o deslocamento da competência para julgar violações de direitos humanos da Justiça Estadual para a Justiça Federal;
- O lançamento do Plano de Ação Integrada para Prevenção e Controle da Tortura no Brasil, em 2005.

Ao mesmo tempo, ações básicas de natureza legislativa ou política para fortalecer o sistema nacional de proteção e promoção dos direitos humanos ainda não foram realizadas. É o caso, por exemplo, da assinatura e ratificação de instrumentos internacionais de direitos humanos que ainda não foram assinados ou ratificados. É também o caso da transformação do Conselho de Defesa dos Direitos da Pessoa Humana (CDDPH), criado em 1964, às vésperas do golpe militar que levou à instauração do regime autoritário, em uma instituição nacional dotada de autonomia e fundada nos Princípios de Paris. Mesmo a proposta de lei tramitando no Congresso Nacional, visando a reestruturar o CDDPH e transformá-lo no Conselho Nacional dos Direitos Humanos, fica longe de criar uma instituição nacional de direitos humanos dotada de autonomia em relação ao governo.

Houve até medidas que limitaram e até provocaram retrocessos nesse processo:

- A Emenda Constitucional n. 45, de 2004, artigo 5º, parágrafo 3º, estabeleceu a necessidade da aprovação de tratados e convenções internacionais sobre direitos humanos em dois turnos pelo Senado Federal e em dois turnos pela Câmara dos Deputados, com 3/5 dos votos, para que estes tenham o valor de emendas constitucionais. Restringiu-se assim a aplicabilidade das normas internacionais de direitos humanos no Brasil.
- A Emenda Constitucional n. 45, de 2004, artigo 109, parágrafo 5º, restringiu ao Procurador Geral da República a autoridade para solicitar o deslocamento de competência da Justiça Estadual para a Justiça Federal para julgar graves violações de direitos humanos e atribuiu ao Superior Tribunal de Justiça, não ao Supremo Tribunal Federal, a competência para autorizar o deslocamento. Dificultou na prática a efetivação do deslocamento e punição dos responsáveis pelas violações de direitos humanos.
- A Lei Complementar n. 117, de 2004, que dispõe sobre as normas gerais para organização, preparo e emprego das forças armadas, definiu como atividades militares e, portanto, sujeitas à jurisdição da Justiça Militar, a preparação e o emprego das forças armadas na garantia da lei e da ordem. Facilitou assim o emprego das forças armadas em atividades de manutenção da lei e da ordem e dificultou a punição de violações de diretos humanos praticados nessas atividades.

## Perspectivas após o 11 de Setembro de 2001

Governos e organizações da sociedade civil preocupados com o crescimento do crime e da violência e o fortalecimento do crime organizado têm defendido leis e políticas que restringem as garantias de direitos humanos e têm sido mais tolerantes em relação a violações dos direitos humanos. Nos últimos 15 anos, entretanto, essa postura contribuiu para conter o processo de incorporação dos princípios e normas de direitos humanos pelas instituições de segurança pública, justiça criminal e administração penitenciária, sem trazer como resultado a prometida ou esperada redução do crime, da violência e da insegurança.

Defensores de direitos humanos precisam reconhecer que, em alguns estados, leis e políticas duras de repressão criminal impuseram altos custos e diminuíram os benefícios auferidos pelo crime organizado e que, após anos de crescimento, as taxas de homicídio estão em queda em diversos estados do país. Mas não podem deixar de mostrar que estas leis e políticas têm um alto custo econômico, social e político e são insustentáveis a longo prazo. Por quanto tempo é possível sustentar um crescimento da população prisional como o registrado no estado de São Paulo? Por quanto tempo é possível sustentar operações militares de ocupação de favelas e contenção do crime organizado como as acontecidas na cidade do Rio de Janeiro? Por quanto tempo é possível sustentar elevados índices de letalidade em ações policiais, como acontece em São Paulo e no Rio de Janeiro?

É necessário também reconhecer que a defesa dos direitos humanos com base em princípios referentes à dignidade e integridade da pessoa humana é fundamental, mas insuficiente para convencer amplas parcelas da população, dos políticos e governantes a incorporá-los às leis e políticas de segurança pública, justiça criminal e administração penitenciária. Na maioria dos casos, ao lado de atitudes e argumentos "principistas", é necessário adotar atitudes e argumentos mais "pragmáticos": mostrar a fragilidade de argumentos contrários à incorporação dos direitos humanos nas instituições e práticas de segurança pública, justiça criminal e administração penitenciária e, ao mesmo tempo, mostrar a força de argumentos favoráveis a essa incorporação.

Em casos mais extremos, defensores da "linha dura" contra o crime organizado argumentam que não faz sentido adotar leis e políticas baseadas em princípios de direitos humanos quando grupos e organizações criminosas não respeitam esses princípios. Na maioria das vezes, entretanto, defensores da "linha dura" utilizam dois argumentos mais "pragmáticos". Reconhecem que as violações de direitos humanos constituem um problema do ponto de vista do estado de direito e da democracia, mas argumentam que, diante de situações de crise ou emergência: 1) as violações de direitos humanos podem ser limitadas e controladas e seus custos minimizados através de mecanismos do estado de direito e da democracia; 2) as violações de direitos humanos são eficazes e necessárias na luta contra o crime organizado.

O argumento de que as violações de direitos humanos podem ser limitadas e controladas é problemático por três razões principais. Primeiro, é um argumento que acaba legitimando violações de direitos humanos e limitando a eficácia da denúncia, do escândalo e da vergonha pública – que, atualmente, ainda são instrumentos importantes, se não fundamentais, para a limitação e controle dessas violações. Segundo, é um argumento que implica a necessidade de pessoal, equipamento, treinamento e técnicas especializadas para prática de violações de direitos humanos de forma limitada e controlada. Devido à dinâmica de organizações burocráticas, esse processo leva quase que automaticamente ao surgimento de grupos profissionais, organizacionais e políticos interessados no uso dessas técnicas para os mais diversos fins – o que termina dificultando o processo de limitação e controle e facilitando a expansão das violações de direitos humanos. Terceiro, ainda que violações de direitos humanos possam produzir os resultados desejados do ponto de vista do controle e prevenção do crime e da violência, isso pode acontecer em situações muito específicas, sob condições muito especiais, raramente encontráveis no cotidiano das organizações e profissionais responsáveis pela segurança pública, justiça criminal e administração penitenciária. Na maioria das vezes, quando essas circunstâncias especiais e condições especiais não estão presentes, os resultados de violações dos direitos humanos, ainda que possam ser inicialmente limitados e controlados, acabam não sendo os esperados – o que fica evidente a partir da análise da atuação de diversos grupos especializados da Polícia Militar e da Polícia Civil no país.

Por sua vez, o argumento de que violações de direitos humanos, ainda que negativas do ponto de vista do estado de direito e da democracia, são eficazes e necessárias no controle e prevenção do crime e da violência também é problemático. Esse argumento está apoiado em quatro premissas fundamentais que justificam a "eficácia" e "necessidade" de violações de direitos humanos: 1) violações de direitos humanos são formas de obter informações necessárias para prevenir crimes e violências; 2) violações de direitos humanos são formas de dissuadir a prática de crimes e violências; 3) violações de direitos humanos são formas de punir a prática de crimes e violências; e finalmente 4) violações de direitos humanos são formas de desincentivar o engajamento de indivíduos e grupos na prática de crimes e violências.

Cabe aos defensores dos direitos humanos e profissionais das instituições de segurança pública, justiça criminal e administração penitenciária, em colaboração com estudiosos e pesquisadores, demonstrar a falácia dessas premissas. Demonstrar que as informações mais importantes e úteis para o controle e prevenção do crime e da violência dependem da colaboração do público em geral e particularmente de vítimas e testemunhas, com a polícia e a justiça, através de procedimentos formais ou, em caso de necessidade, através de mecanismos como o disque-denúncia. E que as violações de direitos humanos têm o efeito de instaurar o medo e a desconfiança em relação à polícia e à justiça, podendo assim dificultar ou impedir a aproximação e colaboração entre estas e o público.

É necessário também demonstrar que violações de direitos humanos de governos e agentes governamentais têm o efeito de justificar a prática de crimes e violências de grupos e organizações criminosas e principalmente práticas de segurança e justiça privada por parte desses grupos e organizações em substituição ao estado. Podem assim motivar ao invés de dissuadir a prática de crimes e violências. Deve-se demonstrar ainda que violações de direitos humanos têm o efeito de mudar o foco dos processos e julgamentos, dos crimes e violências praticados por determinada pessoa ou grupo para as violações praticadas pelo governo ou agentes governamentais, podendo assim dificultar e, particularmente em casos de comprovada ilegalidade, inviabilizar a condução de processos e julgamentos e a punição dos responsáveis por crimes e violências.

Finalmente, é preciso demonstrar que crimes e violências não são atividades lucrativas, mas na maioria das vezes o último recurso de pessoas e grupos que não têm ou têm poucas alternativas para solucionar seus problemas e realizar seus objetivos numa determinada situação e num determinado contexto econômico, social e político. Nessas condições, violações de direitos humanos por parte de governos e agentes governamentais tendem a reduzir ainda mais as alternativas de ação para estas pessoas e grupos e podem aumentar ao invés de reduzir a sua motivação para a prática de crimes e violências.

Em conclusão, é preciso demonstrar na teoria e na prática que o sucesso e, principalmente, a sustentabilidade de leis e políticas de controle e prevenção do crime e da violência dependem da incorporação nessas leis e políticas de garantias dos direitos humanos fundamentais, estabelecidos na Constituição Brasileira e nos pactos e convenções internacionais de direitos humanos. Depende, portanto, do reconhecimento dos problemas de segurança pública, justiça criminal e administração penitenciária como problemas do Estado brasileiro e não de governos, partidos políticos ou empresas privadas. Todos têm direitos e responsabilidades, mas a preservação de segurança pública e a garantia dos direitos humanos são deveres, obrigações do Estado perante a sociedade brasileira e a comunidade internacional. Não se trata de escolher entre um e outro, mas de trabalhar para encontrar na garantia dos direitos humanos os elementos necessários para a preservação da segurança pública e nesta os elementos necessários para garantia dos direitos humanos.

## Instrumentos internacionais de proteção e promoção dos direitos humanos relevantes para o controle e prevenção do crime e da violência e para a promoção da segurança pública e da justiça no Brasil

| Instrumentos universais de proteção e promoção dos direitos humanos |
| --- |
| 1. Pacto Internacional dos Direitos Econômicos, Sociais e Culturais |
| 2. Pacto Internacional dos Direitos Civis e Políticos (PIDCP) |
| 3. Protocolo Opcional ao PIDCP |
| 4. Segundo Protocolo Opcional ao PIDCP, sobre a abolição da pena de morte |
| 5. Pacto Internacional sobre a Eliminação de Todas as Formas de Discriminação Racial |
| 6. Convenção sobre a Eliminação de Todas as Formas de Discriminação contra as Mulheres. |
| 7. Protocolo Opcional à Convenção sobre a Eliminação de Todas as Formas de Discriminação contra as Mulheres |

8. Convenção contra Tortura e Outros Tratamentos e Punições Cruéis, Desumanos ou Degradantes
9. Protocolo Opcional à Convenção contra Tortura e Outros tratamentos e Punições Cruéis, Desumanos ou Degradantes
10. Convenção sobre os Direitos da Criança
11. Protocolo Opcional à Convenção sobre os Direitos da Criança, sobre envolvimento de crianças em conflitos armados
12. Protocolo Opcional à Convenção sobre os Direitos da Criança, sobre venda de crianças, prostituição infantil e pornografia infantil
13. Pacto Internacional sobre a Proteção dos Direitos de Todos os Trabalhadores Migrantes e Membros de suas Famílias

### Instrumentos regionais de proteção e promoção dos direitos humanos

1. Convenção Americana dos Direitos Humanos
2. Convenção Interamericana para Prevenir e Punir a Tortura

### Instrumentos universais adicionais para proteção e promoção dos direitos humanos

1. Estatuto de Roma sobre a Corte Criminal Internacional
2. Regras Mínimas para o Tratamento de Prisioneiros
3. Princípios para Proteção de Todas as Pessoas sob Qualquer Forma de Detenção ou Prisão
4. Princípios Básicos para o Tratamento de Prisioneiros
5. Regras Mínimas para a Administração da Justiça Juvenil
6. Regras para Proteção de Adolescentes Privados de Liberdade
7. Código de Conduta para Policiais
8. Princípios Básicos sobre o Uso da Força e Armas de Fogo por Policiais
9. Princípios Básicos sobre a Independência do Judiciário
10. Princípios Básicos sobre o Papel dos Advogados
11. Guia sobre o Papel dos Promotores
12. Princípios sobre a Efetiva prevenção e Investigação de Execuções Extralegais, Arbitrárias e Sumárias
13. Princípios sobre a Efetiva Investigação e Documentação da Tortura e Outros Tratamentos e punições Cruéis, Desumanas ou Degradantes
14. Princípios sobre o Status de Instituições Nacionais (Princípios de Paris)

# DIREITOS HUMANOS NA POLÍCIA

*Jacqueline Muniz*

> "Direitos humanos são para os humanos direitos."
> "Direitos humanos servem somente para proteger bandido."
> "Os direitos humanos ainda não chegaram para os policiais militares."
> (Máximas extraídas dos praças
> da Polícia Militar do Estado do Rio de Janeiro – PMERJ)

Quem convive no dia a dia mais de perto com os policiais militares (PMs) no Brasil já se acostumou a ouvir as inúmeras e legítimas queixas quanto à fragilidade ou mesmo à inexistência de instrumentos que sustentem e protejam seus direitos. A impropriedade, a inadequação ou a inconsistência dos expedientes disciplinares que regulam a conduta policial são expressas frequentemente pela tropa por meio de sentimentos que anunciam uma preocupante desproporção em favor dos deveres no exercício da profissão policial militar.

Os suboficiais e praças descrevem sua realidade profissional, quase em uníssono, como um "mundo de obrigações" refratário às conquistas cidadãs. A atmosfera constituída por este mundo disciplinar é carregada por um apetite suspeitoso e punitivo que se estende para além do universo profissional, invadindo as outras esferas de sociabilidade da vida dos policiais, inclusive a dos inativos. Atraso nas prestações do crediário, dívidas pendentes, indução à embriaguez, frequência em eventos sociais, casas noturnas ou bares considerados impróprios por algum superior hierárquico fazem parte do repertório de situações que podem ser "enquadradas" como faltas que atentam contra o "decoro da classe" e o "pundonor policial militar".

Do mesmo modo, eventuais reclamações de problemas conjugais ou desentendimentos na vizinhança vividos por um policial militar podem ser interpretados como episódios incompatíveis com a "honra pessoal" dos integrantes da "família policial militar". Todos esses eventos, assim como muitos outros, são acolhidos pelos Regulamentos Disciplinares das polícias militares (RDPM). Acredita-se que a aplicação de sanções a essas transgressões à conduta policial militar contribui para o reforço dos princípios da hierarquia e disciplina militares. Salvo exceções, a gravidade das faltas disciplinares, em sua maioria fatos não criminais, fica ao sabor do juízo do superior hierárquico, que, de acordo com o seu julgamento e conveniência, aplica uma sanção que pode chegar à prisão no interior das dependências da Polícia Militar. A vasta extensão do repertório de transgressões previstas no RDPM, a indefinição normativa quanto à sua gravidade e a imensa liberdade decisória no estabelecimento de sanções combinam-se de modo a conceder aos atores em posição de chefia um amplo e substantivo poder de manobra dos dispositivos disciplinares e seus recursos punitivos. O emprego desse poder pode chegar a manifestações perversas como o "mandonismo" ou a instrumentação do personalismo no exercício do comando. Isso possibilita procedimentos de avaliação questionáveis que vão desde sanções arbitrárias, desproporcionais e injustificadas até a concessão de privilégios e imunidades em troca do atendimento a interesses corporativos ou pessoais.

A despeito da frequência com que os abusos ou mau uso dos expedientes disciplinares aconteçam na prática, independentemente deles não se caracterizarem como uma *lógica em uso* internalizada capaz de sabotar a capacidade institucional de controle interno, a sua própria possibilidade é suficiente para ensejar um contexto de temor e desconfiança ampliados. Pode-se dizer que por conta da incerteza quanto às razões da aplicação ou não do RDPM e da imprevisibilidade quanto aos seus desdobramentos, os policiais militares experimentam um tipo de insegurança latente que contagia o desempenho de suas atividades. Nas ruas, essa insegurança revestida de baixa estima profissional tende a oportunizar práticas ressentidas ora abusivas, ora negligentes, sobretudo entre policiais que se percebem inferiores ou que se sentem menos sujeitos de direitos do que os cidadãos comuns. E isso de tal maneira que muitos PMs têm comungado a perversa convicção de que os "Diretos Humanos servem somente para proteger bandidos".

A percepção de que se encontram expostos a uma ameaça constante de punição parece favorecer a maximização dos riscos e perigos associados às suas interações com os cidadãos. Isso ainda pode contribuir para um tipo de cinismo silencioso da tropa nos quartéis que se reverte numa aparência de obediência e disciplina internas encenadas pelo cumprimento dos ritos militares de convivência e boas maneiras. Tem-se, com isso, não só um estímulo à reatividade e à dissimulação como estratégias de sobrevivência organizacional mas também a fabricação artificial e heterodoxa de resultados operacionais – quase sempre prisões e apreensões –, como uma manobra para fugir da arbitrariedade das sanções disciplinares e, até mesmo, como um ardil para camuflar práticas propriamente criminosas ou ilegais.

Como uma espada apontada permanentemente para as cabeças dos PMs, o RDPM e seus fantasmas contribuem para a cristalização de uma pedagogia opressiva, da qual se extraem lições dolorosas como as que ensinam que "a punição é a motivação para trabalhar" ou que "o PM é culpado até provar o contrário". Talvez por isso seja voz corrente entre os policiais a afirmação de que "os direitos humanos ainda não chegaram à PM".

De acordo com as falas dos PMs de baixa patente, a ambicionada "chegada dos direitos humanos" se traduzia, até bem pouco tempo, na superação do chamado "excesso de militarismo", cuja expressão mais crítica é o severo regime disciplinar amparado por normas e regulamentos draconianos. Muitos dos esforços empreendidos pelas lideranças e associações representativas dos suboficiais e praças voltaram-se para a busca de mudanças destas mesmas normas e regulamentos, quase sempre de pouco conhecimento do público. No jargão policial, isto correspondia a reconhecer "os direitos humanos dos policiais" ou "ver também o lado dos PMs".

Todavia, os esforços não necessariamente se mostraram suficientes para promover avanços ou sustentar conquistas almejadas. O caso recente de tentativa de mudança do regulamento disciplinar da PMERJ e o seu insucesso convidam à reflexão aqueles que estão empenhados em promover a reforma policial no Brasil e ajudam na compreensão da considerável importância da adesão e da participação dos policiais nas diversas etapas de uma iniciativa de reforma. Parece evidente que a afirmação do seu papel como protagonista pode fazer uma significativa diferença, sobretudo em certas situações ou momentos críticos. E isto a tal ponto que a perda de adesão, a renúncia ou passividade dos policiais diante de agendas que dizem respeito aos seus interesses tendem a reduzir as oportunidades de êxito.

Conforme já foi anunciado, a proposta de um novo regulamento disciplinar aparece como um dos principais itens de reivindicação da grande maioria dos policiais militares, isto é, dos soldados, cabos e sargentos da PMERJ. Em linhas gerais, as expectativas de mudança prometiam caminhar no sentido de se construir um regulamento disciplinar que conciliasse severidade e respeito à dignidade humana, que tivesse definições claras quanto ao tipo, à gravidade e o alcance das transgressões; garantisse transparência, imparcialidade e regularidade nos procedimentos. E que, não menos importante, permitisse a interposição de recursos para ampla defesa dos policiais.

É fato que um dos pontos mais polêmicos do RDPM que estava em vigor, desde 1983, era a manutenção da temida "prisão administrativa" como sanção disciplinar. Segundo o texto do Decreto n. 6.579, de 5 de março de 1983, este tipo de prisão poderia ocorrer em total isolamento e com prazo indefinido. Para setores mais tradicionais do oficialato e para alguns representantes do Clube de Oficiais da PMERJ, a detenção era um remédio amargo, porém indispensável e fundamental para o bom funcionamento da corporação e do controle de "homens armados". Já para a Associação de Cabos e Soldados e Comissões de Direitos Humanos, este expediente, além de ineficaz, era inconstitucional e sem sustentação legal, uma vez que contrariava tanto os direitos e as garantias individuais previstos na Constituição Brasileira quanto contradizia a legislação penal em vigor.

Em abril de 2002, os debates que se seguiam em torno do RDPM de forma mais ou menos fragmentada e descontínua ganharam um fórum próprio. Logo após a vice-governadora Benedita da Silva assumir o governo do estado do Rio de Janeiro, foi constituída uma comissão mista com a atribuição de revisar e atualizar os regulamentos disciplinares da polícia militar e do corpo de bombeiros. Na condição de coordenadora das secretarias estaduais de segurança pública, de justiça, defesa civil e direitos humanos, recebi a atribuição de coordenar os trabalhos dessa comissão, que foi composta pelos seguintes atores: oficiais e praças, lideranças de suas respectivas associações classistas, integrantes do comando geral das corporações, técnicos da Corregedoria Unificada das Polícias, da Ouvidoria de Polícia e das Secretarias de Segurança Pública e de Defesa Civil, assessores das comissões de direitos humanos e segurança pública da Assembleia Legislativa e representantes da Ordem dos Advogados do Brasil.

Como era de se esperar, a criação da referida comissão em ano eleitoral dividiu inicialmente as opiniões dos integrantes. Para os ativistas e assessores parlamentares que compunham a comissão, o momento era mais do que oportuno para emprestar visibilidade ao tema, mobilizar a classe política e sensibilizar os formadores de opinião. Já os representantes dos comandos das corporações consideravam o inverso. Menos entusiasmados com a possibilidade real de mudança do RDPM, alegavam que os trabalhos da comissão poderiam ficar comprometidos por conta dos riscos de se perder a "autoridade do oficial frente à tropa" ou de se produzir um regulamento apressado e inconsistente para atender ao calendário eleitoral.

Todavia, essas divergências de partida sequer chegaram a ameaçar o andamento das atividades. As demonstrações de engajamento da governadora e da "cúpula da segurança pública" indicavam que havia a chamada "vontade política" para que a comissão não existisse somente no papel. Assim, a comissão se reuniu durante quatro meses na sede do governo estadual e durante as sessões de trabalho várias propostas de mudança foram apresentadas, analisadas e discutidas. Nesse período, além das reuniões técnicas, foram também realizadas audiências abertas, nas quais participaram outros policiais e bombeiros militares, representantes da sociedade civil e do movimento nacional de direitos humanos. Ao final do mês de julho, a comissão concluiu a elaboração de um documento que incorporou as propostas de alteração aprovadas por consenso. Após o parecer jurídico favorável do gabinete civil, o projeto do novo regulamento disciplinar foi apresentado pela comissão à governadora Benedita da Silva, que o acatou integralmente. No dia 28 de agosto de 2002, o Decreto n. 31.739 que aprovava o novo regulamento disciplinar da polícia militar foi publicado no Diário Oficial do governo do estado do Rio de Janeiro, sendo em seguida editado pela imprensa oficial do estado e distribuído aos policiais militares.

Naquela ocasião, o "novo RDPM" ficou conhecido no meio dos praças como a "Lei Áurea da PM", que teria libertado os policiais das punições arbitrárias. Essa alegoria fazia uma referência ao fato de ter sido uma governadora negra que assinara o decreto. Cabe aqui salientar que, no ano de 2003, de acordo com os dados do Estado Maior da PMERJ, 61% dos policiais militares do estado do Rio de Janeiro declararam ser "pretos" ou "pardos". Note-se que esse percentual é muito superior ao percentual de adultos "não brancos", que, segundo o censo, correspondia no mesmo ano a cerca de 37% da população do estado do Rio de Janeiro.

Quais foram as inovações introduzidas pelo novo regulamento disciplinar que o aproximava das reivindicações das praças? As alterações realizadas atenderam aos propósitos da democratização das práticas policiais? Elas teriam contribuído para a sustentação e defesa dos direitos dos policiais? De forma resumida, as principais modificações foram as seguintes:

- **Campo de aplicação**. O novo regulamento disciplinar passou a ser aplicado somente aos policiais em atividade. No caso dos policiais inativos, estes só seriam submetidos à medida cautelar, à exclusão e à demissão depois da decisão judicial transitada em julgado.

- **Conceituação dos princípios da hierarquia e disciplina.** Ao invés da camaradagem, cortesia e a consideração entre os policiais militares, as manifestações da hierarquia e disciplina passaram a ser: 1) o respeito à dignidade humana, à cidadania e à coisa pública; 2) a pronta obediência às ordens legais; 3) a rigorosa observância às prescrições regulamentares; 4) a correção de atitudes e 5) a colaboração espontânea à disciplina coletiva e à eficiência da instituição.
- **Classificação das transgressões disciplinares.** Antes, o regulamento não definia a gravidade das transgressões disciplinares, cabendo ao superior hierárquico qualificá-las como leve, média ou grave de acordo com sua avaliação. Após as alterações realizadas, a classificação das transgressões passou a estar definida no texto do "novo RDPM", reduzindo as possibilidades de decisões arbitrárias do superior hierárquico responsável por aplicar a sanção.
- **Tipos de sanções previstas.** No documento anterior, as sanções disciplinares incluíam advertência, suspensão, *prisão* e demissão. Ressalte que a prisão poderia ser aplicada a qualquer transgressão independentemente da sua gravidade. Depois das revisões, eliminou-se a possibilidade de sanções cumulativas sobre um mesmo policial e os tipos de sanções disciplinares passaram a ser: 1) repreensão; 2) prestação de serviço extraordinário; 3) suspensão; 4) medida cautelar e 5) exclusão ou demissão. O novo texto previa que nos casos de "suspensão" o policial deveria ser encaminhado a um programa pedagógico de requalificação profissional. Em relação à "medida cautelar" que substituiu a prisão, esta só poderia ser aplicada quando a conduta do policial, formalmente imputada, caracterizasse situações de risco iminente para a vida, a integridade física ou o patrimônio material de outra pessoa. Um ponto importante é que a medida cautelar não poderia ultrapassar 48 horas, e foi estipulado o prazo de 8 horas após a interposição para o julgamento de recurso. Sua expiração implicava a liberdade imediata do policial. Por fim, é importante destacar que o policial acautelado teria garantido, além da interposição de recurso, os seguintes direitos: 1) conhecimento por escrito do motivo da medida cautelar; 2) identificação do responsável pela aplicação da medida cautelar; 3) comunicação imediata à família, pessoa indicada e ao seu advogado da unidade onde o policial está acautelado; e 4) alimentação, alojamento, assistência médica e psicológica.

- **Poder para determinar sanções disciplinares.** No antigo RDPM, os sargentos comandantes de postos policiais e das unidades de polícia comunitária não tinham poderes para aplicar sanções disciplinares. Com o intuito de fortalecer os mecanismos internos e externos de controle, o novo regulamento passou a prever que o governador do estado, o secretário de segurança pública, o corregedor geral independente e todos os policiais em posição de comando teriam poder para aplicar sanções disciplinares.
- **Policiais militares com mandato eletivo ou função nas entidades de classe.** De acordo com o novo regulamento disciplinar, os policiais que estivessem cumprindo mandato eletivo ou função em entidades e associações de classe não estariam submetidos às sanções disciplinares, sobretudo nos casos de livre manifestação do pensamento, de suas convicções políticas e filosóficas. Em relação à filiação em entidades de classe, os policiais militares passaram a ter a garantia do afastamento de suas funções policiais, de acordo com a proporção do número de filiados nessas entidades.

Parece evidente que as mudanças efetuadas no "novo RDPM", cujo trabalho consensual foi influenciado por uma perspectiva jurídica "garantista", procuraram incorporar as históricas demandas da base da Polícia Militar responsável pelas atividades de policiamento, em especial às questões mais polêmicas. A provisão qualificada dos tipos de transgressão disciplinar, a conceituação da gravidade associada a essas transgressões, a redefinição das sanções previstas com a substituição da "prisão disciplinar" pela medida cautelar e a ampliação dos tipos e prazos para recursos são indicações significativas do empenho em conciliar rigor disciplinar e respeito à cidadania. A estas alterações se soma a novidade de se incluir, de forma clara e explícita, a garantia aos policiais militares da livre expressão de suas opiniões e de sua filiação classista.

É claro que o "novo RDPM" encontrou fortes resistências entre os oficiais intitulados conservadores e mais identificados com o "militarismo". E essa ordem de resistência pode ser em parte interpretada como uma medida do atendimento às expectativas dos suboficiais e praças. Reconhecidos pela nova geração de PMs como "oficiais da antiga", mascaravam seu desconforto com a redução de seu poder e *status*, rotulando as mudanças como uma peça demagógica cujo objetivo era a "promoção do caos na corporação policial militar".

Não obstante os incômodos produzidos, o novo regulamento disciplinar, conforme determinado no decreto de sua criação, entrou em vigor trinta dias após sua publicação, passando a ter validade legal a partir de outubro de 2002. Entretanto, a sua existência foi prematura e não ultrapassou três meses. Com o ingresso do novo governo eleito em 2003, o decreto de criação do novo regulamento foi revogado nos primeiros dias da gestão da governadora Rosinha Garotinho. O antigo regulamento disciplinar voltou a vigorar, e foi constituída uma outra comissão com membros internos do governo para reavaliar a necessidade e pertinência das mudanças propostas. A conclusão dos trabalhos não foi publicamente divulgada, porém relatos de policiais militares e ativistas sociais apontam que os resultados seguiram a trilha do "mais do mesmo". As alterações que haviam sido realizadas foram entendidas como "avançadas demais" para o estágio em que se encontram os policiais militares. Isto é, foram consideradas "propostas utópicas" elaboradas por idealistas que desconheciam o "nível da tropa".

Cabe salientar que faz parte do jogo democrático a alternância no poder e, por conseguinte, as mudanças nas prioridades políticas, das quais resultam alterações de rumos, programas e projetos em vigor. A oportunidade das mudanças de ênfase e orientação não configura um problema em si mesmo, e seus encaminhamentos e resultados são e devem ser objetos de monitoramento, pressão e negociação na própria esfera da prática política. Assim, não há nada de surpreendente e muito menos de ilegítimo no ato revogar o novo regulamento disciplinar implantado por um governo anterior. A governadora de estado, no uso de suas atribuições como chefe do executivo estadual, dispõe desse poder legitimado pelo resultado das urnas.

O aspecto surpreendente foi mesmo a frágil reação dos policiais militares e de suas entidades de classe. Pode-se dizer que a revogação do "novo RDPM" e, por sua vez, dos direitos há muito tempo reivindicados e conquistados não canalizaram a energia e a mobilização pública das lideranças policiais e suas bases de sustentação. Também não foi observado nenhum movimento de pressão, articulado ou não, das comissões de direitos humanos ou das organizações não governamentais que militam em favor da democratização das polícias no Rio de Janeiro. Do mesmo modo, não se notou uma tomada pública de posição – qualquer posição – de políticos, intelectuais e formadores de opinião que se ocupam da temática da segurança pública e, em particular, da reforma das polícias no cenário carioca. O cancelamento do "novo RDPM" caracterizou-se como uma decisão governamental de pouco impacto e de baixo custo político. Aconteceu no anonimato e diante do silêncio dos suboficiais e praças, não merecendo qualquer repercussão na mídia carioca. Apenas alguns poucos militantes, PMs e pesquisadores davam conta do "boato do RDPM" e questionavam nas pequenas rodas os possíveis reveses e retrocessos oriundos do cancelamento.

A partir do breve relato dessa experiência, cabe levantar algumas indagações que, como já foi anunciado, incidem sobre o papel dos policiais nas iniciativas de reforma das polícias. Como se pode garantir a institucionalização dos mecanismos de sustentação dos direitos policiais, no interior das polícias, quando, a despeito de alguns setores resistentes previsíveis, os policiais não se mobilizam para a defesa e sustentação desses mesmos mecanismos? Em outras palavras, como se pode avançar na institucionalização dos instrumentos que garantam, de fato, "os direitos humanos dos policiais", quando os próprios policiais reagem de maneira passiva às iniciativas de retrocesso ou de desmontagem dos instrumentos de defesa conquistados e implantados? Como tratar o abandono pelos próprios policiais de sua agenda de reformas? Como conduzir um processo de mudanças democrático e participativo nas polícias sem a legitimação dos policiais? Como seguir em frente e aprimorar os mecanismos de controle interno quando é perdida a adesão dos segmentos policiais?

Esforços de modernização dos estatutos e regulamentos disciplinares policiais foram empreendidos em outros estados brasileiros com mais sucesso. Nesses casos, deve ser enfatizado o protagonismo policial na defesa e sustentação de seus direitos. O ponto em comum das iniciativas dessa natureza que tiveram êxito foi o engajamento e a adesão policiais em todas as etapas. E não poderia ser diferente. No estado de Minas Gerais, onde se iniciou a "revolta das praças" em 1998, as alterações foram conduzidas com a participação ativa e decisiva da entidade de classe dos policiais de baixa patente, que mobilizou as bases policiais e foi gradativamente conquistando adesões de políticos, de intelectuais e da sociedade civil organizada. O processo se arrastou por mais de um ano, mas foi implantado um novo "código de conduta" policial.

É certo que múltiplos fatores podem ter influenciado o tipo de reação apassivada dos policiais militares fluminenses no tocante à revogação do "novo RDPM" que inicialmente ambicionavam. Um deles seria o segundo emprego policial já enraizado como prática corriqueira nas polícias. A vista grossa da instituição policial com uma atividade considerada ilegal oferece uma chave interpretativa interessante, ainda que sua capacidade explicativa seja limitada em razão da própria complexidade do problema em questão, que admite ponderação de múltiplas variáveis.

Em termos hipotéticos, é razoável supor que a política mais ou menos explícita de consentimento ao famoso "bico" possa ter operado como um poderoso instrumento de pressão e, por sua vez, como objeto de barganha entre o oficialato, os suboficiais e as praças. A ameaça manifesta ou latente de ruptura do "pacto de tolerância" com o segundo emprego pode ter sido suficientemente persuasiva para conduzir as praças à desistência das mudanças no RDPM. Afinal, qualquer policial militar que possui um bico esporádico ou regular pode, no limite, ser acusado de ilegalidade ou improbidade, o que compromete sua permanência na polícia.

De modo geral, a prática do bico envolve tanto as praças, quanto os oficiais. A sua disseminação e capilaridade pelo interior da organização policial constitui uma rede informal de poder que reorienta a estrutura hierárquica formal, redefine os elos de subordinação e lealdade e constitui esferas de cumplicidade e apadrinhamento entre os policiais militares. Além disso, redimensiona o emprego das atividades de policiamento, uma prática conhecida como "sargenteação". É voz corrente que a distribuição dos PMs por unidades policiais, escalas de trabalho, turnos, plantões e tipos de policiamento considera a alocação dos policiais no bico, ou melhor, toma como variável de gestão os negócios particulares dos policiais. Todo comandante sabe que "mexer no bico do policial" leva à quebra dos contratos de boca entre chefias e subordinados, cujos resultados vão desde a chamada "greve branca" até as chantagens e sabotagem na rotina da corporação policial.

Com as devidas cautelas, pode-se dizer que a consolidação do bico como uma política informal de complementação salarial tende a contribuir para constituição de uma cadeia de comando e controle paralela que atravessa e perverte aquela formalmente instituída. Nessa lógica de comando, tem-se a possibilidade de inversão da hierarquia formal, que oscila de acordo com as oportunidades de obtenção de ganhos extras no mundo privado por conta dos atrativos da profissão policial. O mando, nesse caso, é compartilhado com quem consegue o bico e emprega os colegas, incluindo os próprios superiores hierárquicos.

Na prática, o entrecruzamento de lógicas de comando (formal e informal) deixa os policiais militares vulneráveis, enredados na troca de favores, enfim, dependentes das teias de autoproteção. Nesse contexto, os instrumentos também informais e paralelos de controle passam a ser entendidos como mais oportunos e apropriados do que os mecanismos formais porque respondem aos bastidores da organização de modo mais satisfatório. Em outras palavras, eles atendem de maneira mais eficaz aos empreendimentos privados dos policiais envolvidos com o bico, uma vez que resultam de um híbrido entre as exigências da função pública de policiamento e os compromissos assumidos no mercado.

Sob essas condições, a profissionalização e o fortalecimento dos mecanismos e expedientes formais de controle interno e externo podem se revelar como uma proposta pertinente para a corporação policial, mas na contramão dos interesses individuais mais imediatos daqueles PMs imersos na rede informal do bico. No cálculo pragmático das perdas e ganhos, pode ser mais rentável a curto prazo optar por "ceder os direitos" deixando as coisas como estão e apostar na permanência de normas e regulamentos frágeis, inconsistentes e passíveis de manipulação.

Como as evidências históricas revelam, a debilidade dos mecanismos de controle interno e externo, quando estendida no tempo, passa a custar muito caro às polícias. Tem conduzido à perda gradativa da sua credibilidade pública e, consequentemente, dos padrões de eficácia, eficiência e efetividade nas atividades policiais. Os instrumentos de controle, nos quais se incluem os expedientes de defesa dos direitos humanos dos policiais, configuram-se como ferramentas indispensáveis para a promoção e sustentação da confiança pública nas polícias. Esses instrumentos caracterizam-se como uma exigência fundamental para o atendimento da razão de ser das polícias no Estado de Direito, que se traduz no exercício do mandato do uso da força para a construção de alternativas pacíficas de obediência às leis sob consentimento social. Seu aperfeiçoamento constitui, pois, um passo inevitável rumo à democratização das organizações policiais e suas práticas.

## Bibliografia

BAYLEY, David H. *Democratizing the Police Abroad*: What to Do and How to Do It. Washington: Departament of Justice, National Institute of Justice, 2001. Disponível em http://www.ojp.usdoj.gov/nij.

BITTNER, Egon. *Aspects of Police Work*. Boston: Northeastern University Press, 1990.

BRODEUR, Jean-Paul. *Como reconhecer um bom policiamento*. São Paulo: Edusp, 2002. (Coleção Polícia e Sociedade 4).

CALLIRAUX, Heitor M.; YUKI, Mauro. *Gestão pública e reforma administrativa*. Rio de Janeiro: Lucerna, 2004.

GOLDSTEIN, Herman. *Policing a Free Society*. Cambridge: Ballinger, 1977.

KLOCKARS, Carl B. *The Idea of Police*. London: Sage, 1985.

LEMGRUBER, Julita; MUSUMECI, Leonarda; CANO, Ignácio. *Quem vigia os vigias?* Um estudo sobre controle externo da polícia no Brasil. Rio de Janeiro: Record, 2003.

LIMA, Roberto Kant de. Espaço público, sistemas de controle social e práticas policiais: o caso brasileiro em perspectiva comparada. In: NOVAES, Regina (org.). *Direitos humanos*: temas e perspectivas. Rio de Janeiro: Mauad, 2001, pp. 94-111.

MUNIZ, Jacqueline. *Ser policial é, sobretudo, uma razão de ser. Cultura e cotidiano da Polícia Militar do Estado do Rio de Janeiro*. Rio de Janeiro: Iuperj, 1999. (Tese de Doutorado).

_____. ZACCHI, José Marcelo. Avanços, frustrações e desafios para uma política progressista, democrática e efetiva de segurança pública no Brasil. In: ESCOBAR, Santiago et al. (orgs.). *Seguridad ciudadana*: concepciones y políticas. Caracas: Nueva Sociedad/Friedrich Ebert Stiftung, 2005, pp.85-147.

_____; PROENÇA JR. Police Use of Force. "Stop or I'll call the police!" The Idea of Police, or the Effects of Police Encounters Over Time. *British Journal of Criminology,* Oxford:, v. 46, n. 2, march 2006, pp. 234-57.

REINER, Robert. *The Politics of the Police*. Toronto: University of Toronto Press, 1992.

SKOLNICK, Jerome H. *Justice without Trial*. Law Enforcement in Democratic Society. New York: Macmillan College Publishing Company, 1994.

# PREVENÇÃO DE CRIMES URBANOS: O PROGRAMA *FICA VIVO*

*Andréa Silveira*
*Bráulio Silva*
*Cláudio Beato*

Os homicídios, embora menos frequentes do que outros tipos de crimes, despertam maior comoção pública e desempenham papel central na construção do sentimento de medo na população. Sua ocorrência, em escala epidêmica, sugere, contudo, cenário mais amplo de deterioração do padrão de convivência, gerando medo, vigilantismo, segregação espacial e social que degradam o espaço público e a qualidade de vida nos grandes centros urbanos.

No Brasil, pesquisadores da área de saúde e de segurança pública vêm chamando atenção para o crescimento do número de homicídios a partir da década de 1980, quando estes eventos se tornaram uma importante causa de morte para homens jovens (Souza, 1994; Lima et al., 2002; Cordeiro e Donalísio, 2001; Machado e Maia, 1999). Já na década de 1990 os homicídios foram responsáveis por 33% das mortes por causas externas (estas incluem os óbitos por envenenamentos, quedas, acidentes de trânsito, acidentes de trabalho, outras modalidades de acidentes, suicídios e homicídios.). Estudos realizados em regiões diferentes do país apontam características comuns a esses eventos: maior frequência em grandes centros urbanos; atingem majoritariamente homens; têm por instrumento, na maioria das vezes, armas de fogo; são em grande parte motivados por disputas em torno do comércio de drogas ilegais; e ocorrem em circunstâncias nas quais o agressor ou a vítima frequentemente se encontrava sob efeito de álcool e, secundariamente, de outras drogas (Beato, Silva e Tavares, 2005; Cano, 2002; Manso, 2002).

As dificuldades de enfrentar de forma bem-sucedida esse problema tem desencadeado debate em torno da insuficiência das práticas tradicionais, reativas e repressivas de combate à violência e à criminalidade, levando à emergência de uma "mentalidade preventivista", a qual privilegia a ideia de antecipação aos eventos e intervenção nos mecanismos causais, de eliminação, minimização ou neutralização dos agentes causais. E é em torno dessa ideia que nasce o Programa Fica Vivo, no bairro de Morro das Pedras, em Belo Horizonte.

## A ideia original: a experiência do Morro das Pedras

Um diagnóstico da criminalidade violenta na cidade de Belo Horizonte, elaborado pelo Centro de Estudos em Criminalidade e Segurança Pública da Universidade Federal de Minas Gerais – CRISP/UFMG, apontou que os homicídios apresentaram um crescimento de mais de 100% entre os anos de 1997 e 2001, como se pode comprovar a partir do gráfico 1. Esse gráfico apresenta a evolução anual dos homicídios em Belo Horizonte, no período de 1986 a 2005. Nos dez anos iniciais da série, de 1986 a 1995, a incidência de homicídios na cidade revela-se praticamente constante, com valores absolutos variando em torno de duzentas mortes por ano. A partir de 1996, o número anual de homicídios em Belo Horizonte assume uma tendência de crescimento gradativo, atingindo a

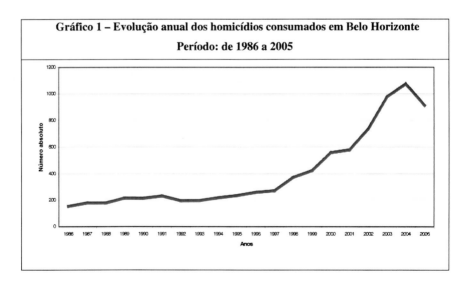

cifra de mais de mil mortes em 2004. O último ano da série em estudo é o ano de 2005, período em que se pode verificar que o número de mortes retrocede e retoma valores inferiores àqueles verificados nos anos de 2003 e 2004.

Estudos anteriores (Beato et al., 2003; Beato, 2005) mostraram que o crescimento dos homicídios em Belo Horizonte não ocorreu de maneira homogênea, isto é, em apenas cinco anos o número absoluto de homicídios cresceu mais de 100% na cidade, mas esse crescimento concentrou-se em apenas seis áreas de aglomerados urbanos. Nessas regiões, o risco de mortes violentas chega a ser seis vezes superior ao risco de homicídios em outra área da cidade, sugerindo um efeito de "implosão" espacial das mortes violentas.

Em face dessa realidade, em 2002 o CRISP/UFMG articulou atores sociais como Polícias Militar e Civil, gestores municipais da área de cidadania e assistência social, Ministério Público e organizações não governamentais para discutir o problema dos homicídios. Esse grupo identificou como prioritária a implementação de um programa de prevenção de homicídios tendo por população-alvo os jovens. Foi indicada a comunidade do Morro das Pedras, na ocasião uma das mais violentas da cidade, para sediar a experiência piloto. Lideranças dessa comunidade e gestores de agências públicas locais foram convidados a integrar o grupo inicial, participando assim do processo de definição de objetivos e estratégias.

## O programa

O Programa Controle de Homicídios Fica Vivo é um programa compreensivo e comunitário, inspirado em experiências bem-sucedidas empreendidas em outros países, como EUA e Colômbia (Braga e Winship, 2005; Kennedy et al., 2001; Sherman, 1997). Compreensivo no sentido de buscar concomitantemente a redução dos fatores de risco e o fortalecimento dos fatores de proteção que operam no nível da escola, da família, do grupo de pares, na comunidade etc. (Catalano et al., 2004; O'Block, Donnermeyers e Doeren, 1991). Comunitário por valorizar e estimular a participação da comunidade na elaboração da proposta de intervenção, na operacionalização e gestão do modelo e na sua avaliação.

O principal objetivo do Fica Vivo é a redução do número de homicídios. Dentre os objetivos específicos, destacam-se: 1) fortalecer a mobilização da comunidade, "empoderando-a" para a resolução de problemas de segurança pública; 2) articular agências públicas e organizações não governamentais que operam no plano local, otimizando a oferta de serviços de saúde, educação, assistência social e segurança pública, criando uma rede de proteção social e potencializando, assim, a intervenção estatal; 3) oferecer oportunidades no campo da educação, cultura, lazer e profissionalização para a população-alvo do programa; 4) estabelecer ambiente de debate em torno dos problemas de segurança; 5) reduzir o medo; 6) melhorar o policiamento na comunidade. Para realizar esses objetivos, definiu-se a seguinte organização: 1) criação de um grupo de gestão da intervenção estratégica do programa voltado para as iniciativas no campo da justiça criminal (prisão de homicidas, policiamento velado, policiamento comunitário etc.); 2) criação de um grupo de mobilização comunitária voltado para a gestão das ações de mobilização da comunidade e suporte social; 3) criação de um fórum da comunidade.

Do ponto de vista dos produtos do programa, podem ser destacados na área piloto do Morro das Pedras a oferta de 22 oficinas para jovens entre 12 e 24 anos e que atualmente atendem em torno de novecentas pessoas; implementação de um Grupo de Policiamento de Área de Risco (Gepar) que opera com policiais provendo policiamento preventivo à comunidade; criação de um jornal do programa que circula bimestralmente, ampla campanha de comunicação, da qual constaram, além do jornal, palestras em escolas, distribuição de "mosquitinhos", vinhetas na televisão e matérias em rádios comunitárias; realização de dias da comunidade, eventos de natureza festiva e de prestação de serviços durante os quais foram oferecidas atividades de lazer, assessoria jurídica, confecção de carteiras de identidade e de trabalho etc. Foram oferecidos ainda cursos sobre cidadania e participação comunitária na resolução de problemas para lideranças comunitárias e gestores locais e curso de capacitação para policiais.

O sucesso do programa, com redução de aproximadamente 47% dos homicídios nos primeiros seis meses de implementação do programa, estimulou sua institucionalização. Atualmente, o projeto está sob o comando do governo de Minas Gerais, após ser incluído no Plano Emergencial de Segurança Pública e institucionalizado pelo Decreto n. 43.334, de 20 de maio de 2003 (Diário de Executivo, Legislativo e Judiciário, 2003: pp. 2-3), e está sendo implementado em 17 comunidades.

## A avaliação do impacto do programa sobre os homicídios

A avaliação de programas pode ser entendida como um processo de delineamento, obtenção e provisão de informações as quais são utilizadas para descrever, compreender e realizar julgamentos e decisões com relação ao processo. A avaliação também pode identificar os mecanismos subjacentes ou processos causais através dos quais os resultados foram obtidos. Isso é importante para uma completa compreensão dos motivos pelos quais um programa deve ser modificado ou em quais circunstâncias se pode esperar que funcione em outros locais (Banco Mundial, 2002).

O Programa Fica Vivo já vem sendo avaliado por outros estudos quanto ao seu processo (Cruz, 2004) e quanto à sua relação custo-efetividade (Andrade e Peixoto, 2005; Mata, 2006). Neste texto a proposta é avaliar especificamente o impacto do programa sobre homicídios e, portanto, se ele provocou a redução de tais crimes nas áreas de Belo Horizonte sob sua influência.

## Metodologia

Para efeito de avaliação do impacto do programa, monitoramos a incidência de homicídios ao longo do tempo no aglomerado do Morro das Pedras, em todas as outras favelas tratadas conjuntamente e nos bairros de Belo Horizonte. Os períodos considerados foram: momentos pré-instalação do programa e momentos posteriores à instalação nas diferentes áreas da cidade. Para cada ano analisado, dividimos em dois períodos: janeiro a julho e agosto a dezembro. Essa divisão se deu dessa forma porque o programa se iniciou a partir de do mês de agosto de 2002.

O mapa a seguir permite uma visualização da região do aglomerado Morro das Pedras onde o programa foi instalado. Segundo dados do Instituto Brasileiro de Geografia e Estatística (IBGE) referentes ao censo realizado no

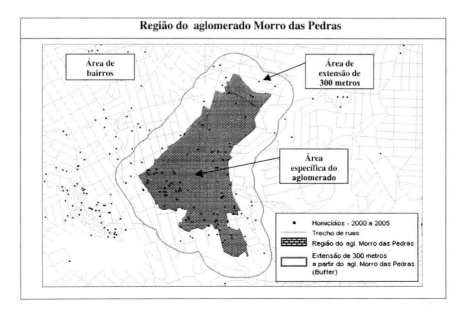

ano de 2000, essa região, composta por setores censitários subnormais ou de aglomerados urbanos, compreende menos de 0,5% da área total da cidade, com aproximadamente 0,70% da população da capital no ano em que foi realizado o censo. Por questões que serão discutidas ao longo deste capítulo, consideramos também como unidade de análise não somente a região específica do aglomerado mas uma área de extensão de trezentos metros além dos seus limites para verificar o efeito de difusão dos benefícios advindos do programa.

Foram construídos gráficos que apresentam uma análise temporal da incidência de homicídios nas diferentes regiões da cidade de Belo Horizonte que serão analisadas. Essas regiões foram definidas utilizando-se informações dos setores censitários do IBGE, do censo de 2000, e a contagem de homicídios nas áreas foi feita usando as informações do banco de dados da Polícia Militar de Minas Gerais para o período de 2000 a 2005.

Por fim, os resultados irão se restringir a três análises nas quais se calculou a taxa de homicídios por grupo de cem mil pessoas. A primeira diz respeito à área específica delimitada pelo aglomerado Morro das Pedras, pelos outros aglomerados da cidade e pelos bairros de Belo Horizonte. A segunda análise leva em conta a comparação entre o aglomerado do Morro das Pedras e o restante das favelas no que diz respeito a uma área compreendida por uma extensão de trezentos metros a partir dos limites destes aglomerados. A terceira análise consistir-se-á na comparação entre os setores de bairros e os aglomerados formados pelos setores que os compõem, mais sua extensão de trezentos metros (foi o que se chamou de *buffer*).

## Resultados

Para verificar a eficácia/eficiência desse tipo de programa com relação aos dados de homicídios, buscou-se analisar as taxas por cem mil pessoas na respectiva área de implantação do Programa Fica Vivo. Os valores foram monitorados em diferentes momentos: nos períodos anteriores ao programa, durante os meses do segundo semestre de 2002 em que o programa esteve efetivamente funcionando no aglomerado e nos meses posteriores ao seu "abandono". Além disso, por questões metodológicas, as mesmas análises foram produzidas comparando essa região do Morro das Pedras com os outros aglomerados urbanos da cidade de Belo Horizonte – correspondentes a 4,76% da área territorial da cidade – e, também, com os bairros – mais de 95% da área da cidade.

Como se pode verificar a partir da análise do gráfico 2, de uma maneira geral, a região correspondente ao aglomerado Morro das Pedras apresenta as maiores taxas de homicídios na cidade de Belo Horizonte durante os anos de

2000 a 2005. Os períodos com as maiores taxas foram os meses de janeiro a julho dos anos de 2001 e 2005, com valores superiores a 75 mortes para cada grupo de 100 mil pessoas. Por outro lado, foi nos anos de 2000 e 2002, durante os meses de agosto a dezembro, que as taxas nessa mesma área atingiram os menores valores, menos de 42 homicídios para cada grupo de 100 mil pessoas.

Ainda com relação ao gráfico 2, a seguir, pode-se observar que as taxas de homicídios no restante das favelas de Belo Horizonte também apresentam valores elevados, mas, mesmo assim, estão distantes do valores encontrados para o Morro das Pedras, com exceção do período de agosto a dezembro de 2004, momento em que a taxa de homicídio por 100 mil pessoas nas favelas de Belo Horizonte ultrapassou o valor observado no Morro das Pedras. Por fim, verifica-se que os bairros em Belo Horizonte são regiões em que as taxas de homicídios são bem inferiores àquelas encontradas nos aglomerados da cidade, embora tenha ocorrido um crescimento nos últimos anos. Como se pode observar, durante os anos de 2000 a 2002, a taxa média de homicídios nos bairros de Belo Horizonte foi de menos de 8 mortes por 100 mil pessoas, e o valor médio da taxa para os anos de 2003 a 2005 chega a quase 15 mortes por 100 mil pessoas.

Este gráfico referente às taxas de homicídios no Morro das Pedras, nos outros aglomerados da cidade e nos bairros durante os anos de 2000 a 2005 permite visualizar o impacto do Programa FicaVivo. É importante ressaltar que o programa foi implantado a partir do mês de agosto de 2002 no aglomerado Morro das Pedras,

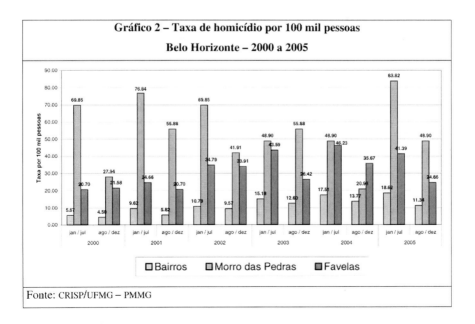

com o objetivo de reduzir os elevados índices de homicídios nesta área. No que diz respeito à taxa de homicídio nesse local, no período de agosto a dezembro de 2002 (41,91 por 100 mil pessoas), verifica-se uma redução de 25% com relação à taxa de homicídio no mesmo período do ano de 2001 (55,88 por 100 mil pessoas).

Ainda, é interessante observar o quanto este programa foi impactante na redução das mortes se analisarmos os valores da taxa de homicídio nos dois períodos do ano de 2003, momento em que o programa fica sem uma coordenação ou mesmo sem a continuidade das atividades desenvolvidas a partir de sua implementação. Nesse caso, há um crescimento gradativo das taxas, passando para 48,90 por 100 mil pessoas nos meses de janeiro a julho de 2003 e alcançando a cifra de 55,88 por 100 mil pessoas nos meses de agosto a dezembro desse mesmo ano.

O efeito do Programa FicaVivo não se restringe apenas à área do aglomerado Morro das Pedras em que foi implementado. A análise do gráfico 3, a seguir, mostra como os resultados obtidos a partir das ações do programa ultrapassaram as fronteiras dessa região. Comparando a taxa de homicídios na "área de extensão" do aglomerado Morro das Pedras no período de agosto a dezembro de 2002 com o mesmo período do ano anterior, verifica-se uma redução de exatamente 50% das mortes. Foi o momento em que mais se observou a redução das taxas ao longo da série estudada. Não obstante, não se pode dizer o mesmo para a "área de extensão" correspondente das outras favelas da cidade pelo contrário, registrou-se um crescimento de 70% da taxa de homicídio no período de agosto a dezembro de 2002, comparado ao mesmo período do ano anterior.

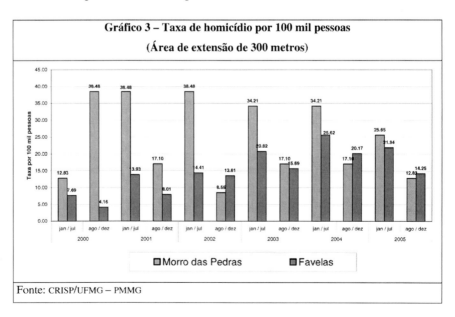

De uma maneira geral, o Programa FicaVivo no aglomerado do Morro das Pedras mostrou-se muito eficaz no que diz respeito à redução dos índices de homicídios nessa região e nas suas proximidades – extensão de 300 metros – de acordo com os resultados apresentados no gráfico 4. Enquanto as taxas de homicídios nos bairros e no conjunto de favelas da cidade de Belo Horizonte cresceram no período de agosto a dezembro de 2002, comparado ao mesmo período do ano de 2001 (passaram de 3,09 para 5,16 por 100 mil nos bairros e de 42,71 para 71,33 por 100 mil nas favelas), na área compreendida pelo aglomerado do Morro das Pedras mais sua extensão de 300 metros, a taxa de homicídio por 100 mil pessoas sofreu uma redução de 83,82, no período de agosto a dezembro de 2001 e para 55,88 no mesmo período do ano de 2002, uma redução superior a 30%.

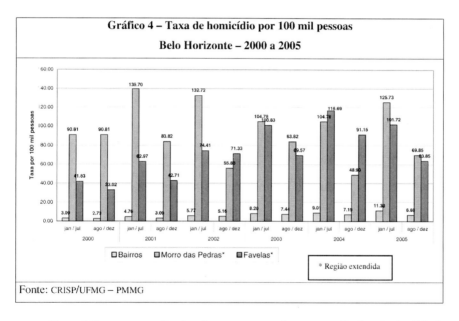

Especialistas em avaliação de programas de prevenção à criminalidade (Hamilton-Smith, 2002) têm chamado a atenção para os efeitos de difusão de outros benefícios diretos ou indiretos como resultado de programas de prevenção. Sendo assim, o monitoramento das ocorrências de homicídios no aglomerado Morro das Pedras a partir da implantação do Programa FicaVivo foi analisado juntamente com o impacto na incidência, também, do crime de assalto a transeunte, não só na comunidade-alvo do programa mas também nas suas vizinhanças definida por uma faixa de trezentos metros a partir das fronteiras formais da comunidade estudada.

Os efeitos difusos do programa podem ser muito bem comprovados a partir da análise do gráfico 5, com respeito às taxas de assalto a transeunte nas distintas áreas da cidade de Belo Horizonte para os anos de 2000 a 2005. Como se pode comprovar, até o período imediatamente anterior à implementação do Programa Fica Vivo no aglomerado Morro das Pedras, essa era a área com as maiores taxas desse tipo de crime, valores superiores a cem assaltos a transeuntes por cem mil pessoas. Após o período compreendido pelos meses de agosto a dezembro de 2002, observam-se reduções nas taxas para a região do aglomerado do Morro das Pedras, de tal maneira que essa área não mais responde pelos maiores índices de assalto a transeunte, ficando esse "rótulo" para os bairros de Belo Horizonte.

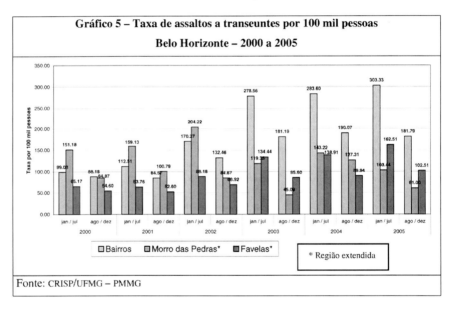

Apesar de os homicídios constituírem um sério problema de saúde pública em nosso meio, os programas de prevenção a esses eventos ainda são raros. A experiência em curso no município de Belo Horizonte com o Programa Fica Vivo aponta resultados promissores. A ação focalizada em uma comunidade violenta, aliada à maior eficiência do sistema de justiça criminal e à oferta de oportunidades de espaços de diálogo, de lazer, esportes, cultura e qualificação profissional para jovens apresentou resultados expressivos na redução dos homicídios na comunidade estudada. Além disso, foram observados impactos sobre a redução de outros crimes como assaltos a transeuntes. Esses achados nos fazem acreditar que, em locais que apresentem contexto semelhante ao observado pela comunidade do Morro das Pedras, o modelo de intervenção do Fica Vivo pode ser replicado com chances de sucesso.

## Bibliografia

ANDRADE, M.V.; PEIXOTO, B.T. *Avaliação econômica de programas de prevenção e controle da criminalidade no Brasil*, s.n, 2005, mimeo.

BANCO MUNDIAL. *Monitoramento e avaliação*: algumas ferramentas e abordagens. Washington, 2004. Disponível em: www.workbank.org/old/ecd/2004.

BEATO, F. C. C. Estudo de caso "Fica Vivo": projeto controle de homicídios em Belo Horizonte, 2005. Disponível em www.nusur.org.br/dowload/info/4.1/FicaVivoBanco Mundial.pdf.

BEATO, F. C. C. et al. Programa Fica Vivo: ações simples, resultados efetivos. *Boletim Informativo*. Belo Horizonte: Centro de Estudos de Criminalidade e Segurança Pública, 2003.

BEATO, F. C. C.; SILVA, B. F.; TAVARES, R. *Crime, Police and Urban Space*. Center for Brazilian Studies. England: University of Oxford, 2005.

BRAGA, A. A.; WINSHIP, C. Creating an Effective Foundation to Prevent Youth Violence: lessons learned from Boston in the 1990s. *Policy Brief*, PB-2005-5.

CANO, I. Armas de fogo: a importância do microdesarmamento na prevenção da violência. In: OLIVERIRA, N.V. *Insegurança pública*: reflexões sobre a criminalidade e violência urbana. São Paulo: Nova Alexandria, 2002, pp.130-50.

CATALANO, R. F. et al. Comprehensive Community and School-Based Interventions to Prevent Anti-Social Behavior. In: LOEBER, R. et al. *Relatório sobre a prevenção do crime e da violência e promoção da segurança pública no Brasil*. s/n, 2004, mimeo.

CORDEIRO R.; DONALÍSIO, M. R. C. Homicídios masculinos na região metropolitana de São Paulo entre 1979 e 1998: uma abordagem pictórica. *Caderno de Saúde Pública*, 17 (3), São Paulo, 2001, pp. 669-77.

CRUZ, A. P. G. *Programa Fica Vivo!* Controle de homicídios: Morro das Pedras, avaliação de processo. Relatório (versão preliminar), s. n., 2004, mimeo.

DIÁRIO DO EXECUTIVO, LEGISLATIVO E JUDICIÁRIO. *Minas Gerais*. Decreto n. 43.334, de 20 de maio de 2003, cria o programa de Homicícdios do estado de Minas Gerais. Belo Horizonte, 21 de maio de 2003, Caderno 1, pp. 2-3.

ENGLISH, B. J.; CUMMINGS, R.; STRATON, R. Choosing an Evaluation Model for Community Crime Prevention Programs. In TILLEY, N. *Evaluation for Crime Prevention*. Crime Prevention Studies, v. 14. Devon: Willan, 2002, pp. 119-69.

HAMILTON-SMITH, N. Anticipated Consequences: developing a strategy for the targeted measurement of displacement and diffusion of benefits. In: TILLEY, N. *Evaluation for Crime Prevention*. Crime Prevention Studies, v. 14. Devon: Willan, 2002, pp.11-52.

KENNEDY, D. M. et al. *Reducing Gun Violence*: the Boston gun projet's operation ceasefire. Washington: US Department of Justice – Office of Justice Programs, 2001, p. 71.

LIMA, M. L. C. et al. Evolução de homicídios por área geográfica em Pernambuco entre 1980-1998. *Revista de Saúde Pública*, 36 (4), São Paulo, 2002, pp. 462-9.

MACHADO, R. M.; MAIA, P. B. Vinte anos de homicídios no Estado de São Paulo. *São Paulo em Perspectiva*, 14 (4), São Paulo, 1999.

Manso, B. P. Homicídio: ação e discurso, sugestão para debate da violência. In: Oliverira, N. V. *Insegurança pública*: reflexões sobre a criminalidade e violência urbana. São Paulo: Nova Alexandria, 2002, pp. 53-7.

Mata, R.A. *A intervenção publica na criminalidade*: uma avaliação considerando a dimensão espacial. Belo Horizonte, 2006, mimeo.

O'block R. L.; Donnermeyers, J. F.; Doeren, S. E. Community Based Programs. In: *Security and Crime Prevention*. Boston: Butterworth Heinemann, 1991, pp. 361-86.

Sherman, L. W. Communities and Crime Prevention. In: Sherman, L. W. et al. *Preventing Crime*: what works, what doesn't, what's promising. Maryland: University of Maryland, 1997, mimeo.

Souza, E. R. Homicídios no Brasil: o grande vilão da saúde pública na década de 80. *Caderno de Saúde Pública,* 10, supl.1, São Paulo, 1994, pp. 45-60.

# OS MUNICÍPIOS E A SEGURANÇA PÚBLICA

*Paula Miraglia*

Ainda que no texto da Constituição Federal Brasileira a responsabilidade pela segurança pública apareça como tarefa a ser compartilhada, sabemos que as políticas públicas na área de segurança foram, historicamente, objeto de ação, sobretudo, dos governos estaduais. Eleger o município como mais um ator nesse panorama é resultado de um processo, mas também da percepção das potencialidades da ação do poder local nesse campo de atuação.

A prefeitura é o braço do poder público mais próximo à população, é onde se dá a prestação cotidiana de serviços, é, também, quem conhece os problemas e conflitos da comunidade mais de perto e pode, portanto, solucioná-los com maior agilidade quando estes ainda têm proporções reduzidas. Ao mesmo tempo, a proximidade com a comunidade agrega outro capital ao poder municipal: a capacidade de mobilização e articulação da população em geral. Estabelecer e liderar parcerias com diversos setores da sociedade civil organizada (lideranças locais, lideranças religiosas, associações de bairro, ONGs etc.), promover o envolvimento de outras áreas da prefeitura, além de ampliar os canais de escuta e engajar a sociedade como um todo no planejamento e execução das políticas de segurança são passos fundamentais para o planejamento e a prática de ações eficazes no combate à violência. Em outras palavras, soluções locais e capacidade de articulação são as grandes marcas da administração municipal que devem ser consideradas como fatores positivos, se não fundamentais, para a formulação de políticas públicas de segurança.

Essa forma de atuação dialoga imediatamente com o novo paradigma na segurança pública, de acordo com o qual "segurança" é um tema que mobiliza áreas diversificadas e considera que a interface dos problemas se reproduz na interface das soluções.

Em 1999, o município paulista de Diadema ocupava o primeiro lugar no *ranking* das cidades mais violentas do estado de São Paulo e o sétimo lugar no *ranking* nacional. De acordo com os números divulgados pela Fundação Seade, nessa época, a taxa de homicídios da região alcançou o número de 140,4 mortes para cada 100 mil habitantes, superando grandes centros urbanos como as cidades de São Paulo e Rio de Janeiro, outros municípios vizinhos e até mesmo muitos países em guerra. Acompanhando as séries históricas desses números, veremos que a taxa de homicídios em Diadema cresceu 49% entre os anos de 1995 e 1998 (FMSP, 2001), consolidando uma trajetória que associava o município, ao longo de todo esse período, não somente à violência mas também à impunidade.

Fundado em 1940, o município de Diadema é uma cidade industrial que faz parte da região metropolitana de São Paulo. De acordo com o censo IBGE/2004, tem uma população de aproximadamente 390 mil habitantes, vivendo numa área total 30,7 km², com uma taxa de crescimento populacional anual de 2,48%, assinalando, assim, uma densidade demográfica de 12.496 habitantes por km², a segunda maior do país.

Durante muito tempo, os números retratando a escalada da violência na região foram vastamente divulgados pela mídia, que caracterizava Diadema como uma espécie de "cidade sem lei". O município parecia reunir características estruturais recorrentes nos diagnósticos de contextos violentos; não há dúvidas de que a alta densidade populacional combinada com a ocupação desordenada do território urbano, a taxa elevada de desemprego, além do descrédito das instituições policiais contribuíram, em graus diferentes, para o crescimento da violência na região.

As altas taxas de criminalidade em Diadema, contudo, não podem ser compreendidas como um fenômeno isolado. A violência é hoje um fenômeno mundial que afeta países com níveis diversos de desenvolvimento econômico e social. Ao longo dos últimos vinte anos, pudemos observar um aumento substantivo da criminalidade e da violência ao redor do mundo. De acordo com o último relatório da Organização Mundial de Saúde, a violência está entre as principais causas de morte para pessoas entre 15 e 44 anos, sendo responsável por 14% dos óbitos entre os homens e 7% entre as mulheres, podendo ser classificada como uma verdadeira "epidemia", dadas as suas proporções e efeitos devastadores (World Health Organization, 2004). Suas manifestações são variadas: guerras entre países, guerras civis, atentados terroristas e criminalidade urbana contribuem para que o número de mortes por causas externas tenha crescido de maneira sistemática no período recente.

Nos países em desenvolvimento, a violência tem sua versão mais contundente na forma de criminalidade urbana, isto é, crimes contra o patrimônio, como roubos, furtos e sequestros, e crimes contra a pessoa, tais como os homicídios. No Brasil, ao longo das décadas de 1980 e 1990, foi sensível o crescimento da criminalidade violenta nos grandes centros urbanos, em particular dos homicídios, que, entre os anos de 1980 e 2000, passaram de 11 para 27 para cada 100 mil habitantes (SIM/Datasus).

Os custos diretos e indiretos da violência para esses países ainda não são calculados com precisão. Contudo, o Banco Interamericano para o Desenvolvimento (BID) estimou que, no Brasil, algo próximo a 1,9% do PIB é gasto na área da saúde em virtude da violência urbana e outros 3,6% são gastos em policiamento e no sistema judiciário (Morrison, 2002).

Uma dimensão menos palpável do fenômeno, mas igualmente relevante, é a maneira como a população percebe a violência. Sabemos que não há uma correspondência factual entre violência real e violência percebida. Isto é, ainda que o crescimento da criminalidade não provoque um aumento proporcional nos riscos de vitimização, ele provoca um aumento da sensação de insegurança. A população, por sua vez, acaba vivendo como se a violência estivesse igualmente em toda parte, quando ela não está.

Em Diadema, particularmente, tal efeito era percebido e se traduzia de múltiplas maneiras além das próprias taxas elevadas de criminalidade: na dificuldade em atrair investimentos de grande porte para a região, no esvaziamento dos espaços públicos, na credibilidade reduzida do poder público junto à população e até mesmo no pouco orgulho que os cidadãos em geral tinham do município. Todos esses são fatores que afetam reconhecidamente a qualidade de vida da população e, o mais grave, alimentam o ciclo engendrado pela criminalidade violenta, fazendo com que seja ainda mais difícil rompê-lo.

Diante desse quadro difuso de violência, em 2001 a prefeitura do município elege a segurança como tema prioritário da gestão e cria, como primeira medida, a Secretaria de Defesa Social. O que antes era uma coordenadoria da Prefeitura ganha *status* de secretaria e passa a centralizar e coordenar as intervenções do poder público no combate e prevenção da violência.

Tomando como partido a eficácia de intervenções locais e os efeitos de uma política fundamentalmente preventiva como estratégia de redução da violência e da criminalidade, o município de Diadema vem desenvolvendo, desde então, uma série de ações que tiveram um impacto extremamente positivo na redução da criminalidade violenta no município.

Tais ações são de natureza diversa, compreendendo desde a própria criação da Secretaria de Defesa Social, a reformulação da Guarda Civil Municipal, a aprovação e implementação da Lei de Fechamento de Bares, conhecida popularmente como "Lei Seca", a Campanha de Entrega Voluntária de Armas, até o desenvolvimento de projetos sociais específicos para a juventude, entre outras. Tais medidas se deram paralelamente à modernização do ferramental de gestão das políticas públicas locais na área de segurança: ampliação e aprimoramento do sistema de informação, mapeamento e diagnóstico da criminalidade na região e integração das políticas públicas, entre muitas outras.

É preciso ressaltar que, na mesma época, a região observou o incremento e aperfeiçoamento das polícias locais, o que contribuiu para o sucesso do processo anteriormente descrito. Além disso, foram criados espaços de articulação e integração de diversas esferas do poder público municipal e estadual, como o Conselho Municipal de Segurança, do qual fazem parte a Secretaria de Defesa Social, vereadores, policiais militares e guardas civis municipais, além de representantes da sociedade civil.

Finalmente, a prefeitura de Diadema, por meio de convênios estabelecidos pela Secretaria de Defesa Social, vem se associando, ao longo desses anos, à sociedade civil organizada. O Instituto Fernand Braudel, o Instituto Latino Americano das Nações Unidas para a Prevenção do Delito e Tratamento de Delinquentes (Ilanud) e o Instituto Sou da Paz colaboraram em momentos diferentes com o diagnóstico e formulação das políticas de segurança na região, sendo este último parceiro da Secretaria na elaboração e implementação do "II Plano Municipal de Segurança" de Diadema, atualmente em execução.

O documento é resultado de um processo amplo que contou com um diagnóstico do quadro de criminalidade no local e das políticas vigentes, extensa participação da população na sua elaboração por meio de audiências públicas, e vem garantindo a articulação de diversas instâncias do poder público na sua implementação, como, por exemplo, outras secretarias da prefeitura, tais como as Secretarias de Saúde, Assistência Social e Cidadania, Educação, Cultura e Habitação.

O plano tem como princípio a redução de todo tipo de violência interpessoal, sobretudo a violência letal. Estão destacadas ações específicas para a redução dos homicídios e da violência intrafamilar, investindo em políticas voltadas para a juventude, a mediação de conflitos e a criação de espaços públicos de debate de temas relacionados à segurança: os fóruns itinerantes de segurança pública.

Os resultados têm sido impactantes e promissores. Num contexto de redução das taxas de homicídio em todo o estado de São Paulo, Diadema conseguiu deixar o topo do *ranking* das cidades mais violentas para ocupar, em 2004, a 18ª posição (de acordo com os dados da Secretaria Estadual de Segurança Pública) e a 38ª no *ranking* brasileiro (Ipea). Entre 1999 e 2005, o município observou uma redução drástica no número de mortes: 72,4%. Os três primeiros meses de 2006 mostram que os homicídios continuam diminuindo na região em comparação ao ano passado, referendando, portanto, o rumo das políticas adotadas.

Além do impacto real, a experiência de Diadema serve como uma boa ilustração da série de mudanças no campo da segurança pública brasileira em andamento na última década. Diante de um quadro agudo e grave de violência, as diversas esferas do poder público e a sociedade civil organizada se viram obrigadas a rever suas estratégias de enfrentamento do problema. Nesse cenário, Diadema é um caso de estudo emblemático e muito profícuo do alargamento e multiplicidade dos atores envolvidos na prática de políticas de segurança e que, portanto, provoca uma reflexão interessante, reunindo elementos que proporcionam uma análise ampla a respeito do papel dos municípios na segurança pública.

Podemos dizer que hoje há uma concordância quanto à complexidade do fenômeno da violência. Enquanto fato social, ela evoca um consenso relativo à multiplicidade de causas que envolve e mobiliza. A referida multiplicidade está traduzida também nas estratégias de enfrentamento. Isto é, se antes as soluções ancoravam-se fundamentalmente nas forças policiais e de justiça, atualmente um novo referencial se faz claro, apontando soluções que demandam outras intervenções que não somente aquelas de caráter repressivo mas também o investimento em ações preventivas e articuladas, cujas esferas de atuação transbordam os limites da forças policiais e da justiça.

É preciso, contudo, abandonar uma perspectiva excludente de "ou" "ou", o modelo ou os modelos que inspiram essa revisão de estratégias de combate e prevenção à violência procuram articular prevenção e controle, tendo como pano de fundo a eficiência e o respeito às garantias democráticas. Com efeito, a formulação que encontra nas políticas sociais pilares das políticas de prevenção à violência não ecoam no vazio, mas fundamentam um discurso que mobiliza diversas esferas da atuação do poder público na garantia de ambientes mais seguros e uma convivência mais pacífica.

Nos últimos anos, a atuação do município no campo da segurança pública tem ganhado mais atenção no debate público e muitos deles, por sua vez, vêm ampliando sensivelmente suas arenas de atuação. Um de seus grandes desafios reside em encontrar o equilíbrio entre o limite de suas responsabilidades e atribuições e a valorização de suas potencialidades.

As iniciativas municipais brasileiras estão amparadas por uma série de experiências internacionais bem-sucedidas, como os casos de Bogotá e Cali, que hoje servem de modelo e inspiração, afinando-se com o novo modelo de "segurança urbana" adotado por países do Cone Sul, preconizado e foco de investimentos recentes das agências multilaterais, tais como o Banco Mundial, o Banco Interamericano para o Desenvolvimento e as Nações Unidas (Lamas, 2005).

Tal emergência do poder local poderia ser compreendida, num primeiro momento, como uma resposta aos elevados índices de violência que vem vitimizando as cidades brasileiras. Isso, contudo, não seria uma explicação completa ou satisfatória. É preciso atentar para a maneira como essas intervenções vêm se dando e para os canais e instrumentos que utiliza. Todos esses elementos deixam claro que o que está em questão não é apenas uma reação quantitativa ao aumento da criminalidade mas também o aperfeiçoamento e a ampliação das ferramentas de prevenção e combate ao fenômeno.

De acordo com o artigo 144 da Constituição, "A segurança pública é um dever do Estado, direito e responsabilidade de todos. [...] Os órgãos responsáveis pelo seu exercício são: as Polícias Federais, Polícias Civis, as Polícias Militares e o Corpo de Bombeiros Militar". Além disso, de acordo com o texto constitucional, "Os Municípios poderão constituir guardas municipais destinadas à proteção de seus bens, serviços e instalações, conforme dispuser a lei".

Uma série de marcos institucionais são referências relevantes na consolidação do lugar que vem sendo construído por e para os municípios. A criação na Secretaria Nacional de Segurança Pública (Senasp) em 1997 e, posteriormente, o estabelecimento de fundos e programas específicos para os municípios visando à realização de diagnósticos, elaboração de planos municipais de segurança, formação das guardas municipais, bem como investimento em tecnologia da informação revelam que o próprio Governo Federal, amparado pela política nacional de segurança, encontra nos municípios grandes parceiros e terreno fértil para o desenvolvimento de políticas dessa natureza. O Fundo Nacional de Segurança Pública investiu aproximadamente sessenta milhões de reais nos municípios entre os anos de 2001 e 2004 (Khan e Zanetic, 2005). O próprio Plano Nacional de Segurança Pública (PNSP), que também toma como pressupostos um novo conjunto de estratégias de atuação – concentrando suas atenções no aprimoramento da informação, no diagnóstico institucional, na melhoria do trabalho das polícias e, finalmente, dando ênfase para políticas focadas na juventude –, destaca um tópico específico para abordar a segurança no nível municipal. De acordo com o PNSP, na trama complexa que compõe o combate à violência, o lugar do município está centrado na prevenção, tendo instrumento primordial de atuação a Guarda Civil Municipal. O plano aponta, ainda, para a importância do treinamento e profissionalização da Guarda, sublinhando seu protagonismo na prevenção e combate à criminalidade.

Em nível nacional, também deve ser lembrada a organização da Frente Nacional de Prefeitos, que vem se articulando em torno do tema da segurança pública, promovendo um esforço para estabelecer bases coletivas de formulação e atuação. Além disso, a criação de secretarias de segurança municipais ou órgãos correspondentes, os investimentos na capacitação de gestores nessa área e os treinamentos específicos para as guardas municipais são, todos, elementos que demonstram o reconhecimento por parte dos municípios do seu papel, além do esforço para qualificar suas ações.

Em São Paulo, por exemplo, foi criado, em 2001, o Fórum Metropolitano de Segurança, organização que reúne mais 39 prefeituras da região metropolitana em torno do tema. Por fim, entre os anos de 2004 e 2006, diversas organizações da sociedade civil passaram a trabalhar em parceria com os municípios na realização de diagnósticos, elaboração de planos municipais de segurança e criando e ministrando cursos de formação para Guarda Municipal.

Tomando como objeto de reflexão as experiências internacionais bem-sucedidas, assim como as experiências brasileiras (ainda que essas sejam recentes e não significativas do ponto de vista numérico, mas relevantes do ponto de vista do impacto provocado e dos resultados – positivos – que vêm produzindo), formuladores e gestores de políticas nessa área já contam hoje com um algum acúmulo que nos permite pensar em princípios norteadores e desafios a serem enfrentados. É importante notar que tais princípios são, ao mesmo tempo, produtos e produtores desse modo de gestão, uma vez que a própria formulação de políticas de segurança vive um processo de revisão e aperfeiçoamento constante. Ressaltamos aqui alguns desses princípios:

- Ações do poder local demandam planejamento e execução transversais, capazes de mobilizar não somente órgãos responsáveis pela segurança local, como a Guarda Civil Municipal e a Secretaria ou Coordenadoria de Segurança, mas também outras áreas administrativas da prefeitura.
- O processo de escuta e engajamento da comunidade desde a etapa de formulação consiste numa etapa fundamental. Sua relevância se

dá na medida em que as demandas da sociedade devem ser conhecidas e reconhecidas pelo poder público: a população precisa se reconhecer nas políticas formuladas, ser capaz de apropriar-se delas, e, finalmente, ter interesse em participar da execução, monitoramente e avaliação dessas políticas.

- Nesse sentido, cabe ao município liderar essa articulação, estabelecendo parcerias, ampliando os canais de escuta e divulgando a diversidade e alcance dos atores envolvidos no processo. A formulação coletiva de políticas deve ser vista também como um processo educativo, capaz de contribuir enormemente para a mudança cultural desejada no campo da segurança.
- É preciso respeitar versões locais dos problemas. O acúmulo de conhecimento no campo da segurança pública já nos permite falar em "boas práticas" que merecem ser replicadas. No entanto, os modelos, cartilhas e manuais de formulação de política devem dialogar diretamente com a realidade na qual pretendem intervir.
- Os instrumentos de avaliação e controle devem ser "publicizados" para que possam ser apropriados e utilizados pelos usuários/receptores das políticas.
- A articulação com as polícias locais é um pressuposto para o sucesso da execução das ações municipais de segurança.
- Iniciativas municipais não são nem devem buscar a autossuficiência. A articulação, troca e apoio, seja dos governos estaduais e federal, seja de organismos internacionais (com fontes de financiamento ou como veículos de intercâmbios de experiências e boas práticas), devem fazer parte do horizonte da administração municipal.

Do ponto de vista metodológico, também é possível elencar algumas etapas fundamentais na construção das políticas:

- A informação é um instrumento imprescindível para a formulação de políticas. Nesse sentido, a elaboração de um plano estratégico de ação municipal deve ser precedida de um amplo e preciso *diagnóstico*. Por esse motivo, os municípios devem investir no aperfeiçoamento dos mecanismos de coleta e registro de informação.
- O *planejamento* estratégico das ações garante a adequação do plano à capacidade administrativa da prefeitura e permite a divisão das responsabilidades entre os atores envolvidos, promovendo o intercâmbio entre áreas diferentes da administração municipal e suas competências.

- O *monitoramento* constante e a *avaliação* periódica das políticas em curso garantem a transparência no uso dos recursos públicos, demonstram responsabilidade com os compromissos estabelecidos e respeito ao cidadão, além de possibilitar o desenvolvimento de novas políticas ainda mais qualificadas. A avaliação permite, ainda, medir o impacto da política adotada, garantindo, consequentemente, seu constante aperfeiçoamento.

Além da própria atuação municipal de maneira geral, é preciso destacar um ator capital nesse contexto: a Guarda Civil Municipal ou Metropolitana (GCM). Existem hoje no Brasil mais de quatrocentas Guardas Municipais. As Guardas Civis são um instrumento previsto na Constituição Federal, cuja atuação original centrava-se na segurança e proteção patrimonial e zelo para com os bens, serviços e instalações públicas. A função das GCMs, todavia, tem se ampliado e hoje os guardas podem atuar na ronda escolar, na mediação de conflitos, em ações de fiscalização em parceria com a Polícia Militar, além de figurar como executores de projetos sociais ou educativos, entre outras coisas.

O conjunto de atividades descrito ressalta o maior instrumento da Guarda: sua proximidade com a população. Por outro lado, revela um leque amplo de possibilidades de atuação para as GCMs. O desafio atual no que tange às Guardas está em consolidar uma imagem e uma prática de policiamento comunitário, com ênfase na prevenção e no trabalho próximo ao cidadão, sem se furtar, no entanto, do avanço de um desenho mais preciso de suas atribuições e definições de competências, que atualmente acabam por acontecer na medida em que surgem as demandas. Um passo importante nessa direção seria unificar o perfil e trabalho das Guardas, criando parâmetros comuns, investindo na sua formação e requalificação, aperfeiçoando seus mecanismos de gestão e investindo na institucionalização dos instrumentos de controle e prestação de contas.

Como foi apontado ao longo deste capítulo, é preciso atentar para o fato de que o lugar dos municípios no rol de atores da segurança pública está em processo – aparentemente irreversível – de consolidação, e não apenas do ponto de vista normativo. Com efeito, embora possamos apontar princípios e diretrizes, faz-se necessário considerar que tais processos, invariavelmente, ganham tintas locais e que, em muitas situações, portanto, é preciso respeitar as especificidades regionais, sendo justamente a possibilidade de diagnosticar e dialogar com problemas em seu nível mais local um dos grandes trunfos da atuação municipal.

Finalmente, não há como negar que a questão da segurança deve ser compartilhada. Assim sendo, a atuação dos municípios deve assumir um papel complementar e não alternativo à atuação de outras esferas de governo. Se de fato a segurança pública é dever e direito de todos, o sucesso das ações nesse campo deve ser resultado de uma coalizão de forças e articulação concreta entre instâncias de poder. Tal efeito, no entanto, não pode se traduzir num discurso que celebre aspirações utópicas ou inoperância administrativa, mas sim em políticas que compartilhem atribuições, respeitem competências e que, consequentemente, possam explorar e usufruir das suas potencialidades.

## Bibliografia

BRICEÑO-LEON, Roberto (compilador). Violencia, sociedad y justicia em America Latina. Buenos Aires: Clacso, 2002.

CEBRAP; SESC; SAS-PMS. *Mapa da vulnerabilidade social*. São Paulo: Centro de Estudos da Metrópole, 2004.

LIMA, Renato Sérgio de. *Criminalidade urbana*: conflitos sociais e criminalidade urbana. Uma análise dos homicídios cometidos no Município de São Paulo. São Paulo: Sicurezza, 2002.

DURANTE, Marcelo Ottoni; MACEDO, Andréia de Oliveira. *Perfil das guardas municipais no Brasil*. Brasília: Senasp, 2005.

MINISTÉRIO DA SAÚDE; MINISTÉRIO DA JUSTIÇA. *Vidas poupadas*. Impacto do desarmamento no Brasil. Brasília: Unesco, 2004.

KHAN, Túlio; ZANETIC, André. O papel dos municípios na segurança pública. *Estudos criminológicos*, n. 4, São Paulo, julho de 2005.

WAISELFISZ, Julio Jacobo. *Mapa da violência III*: os jovens do Brasil. Brasília: Unesco/Instituto Ayrton Senna, 2004.

_____. *Mapa da violência IV*. Brasília: Unesco, 2004.

_____; ATHIAS, Gabriela. *Mapa da violência de São Paulo*. Brasília: Unesco, 2005.

## Documentos das Nações Unidas, Banco Mundial e Banco Interamericano para o desenvolvimento

COMMISSION ON HUMAN SECURITY. *Human Security now - Protecting and empowering people*. New York, 2003.

INJURIES AND VIOLENCE PREVENTION DEPARTMENT. *Guide to United Nations Resources and activities for prevention of interpersonal violence*. World Health Organization, 2002.

LAMAS, Jorge; ALDA, Erik; MUVINIC, Mayra. *Emphasizing Prevention in Citizen Security*. The Inter-American development Bank's contribution to reducing violence in Latin America and the Caribbean. Washington: Sustainable Development Department, 2005. (Best Practices Series).

MOSER, Caroline; VAN BRONKHORST, Bernice. *Youth Violence in Latin America and the Caribbean*: costs, causes, and interventions. Whashington: The World Bank, LCSES, Sustainable Development Working Paper, n. 3, august 1999. (Urban Peace Program Series).

MORRSSON, Andrew. *Violence, Inequality and Poverty in the Americas.* Inter-American Development Bank, November 2002.

WORLD BANK. *Sustainable Development Working Paper n. 3.* Washington: 1999. (Urban Peace Program Series).

WORLD HEALTH ORGANIZATION. *The economic dimensions of interpersonal violence.* WHO, Geneva, 2004.

UNITED NATIONS CONGRESS ON CRIME PREVENTION AND CRIMINAL JUSTICE. *Workshop 3: Strategies and Best practices for crime prevention, in particular in relation to Urban Areas and Youth at risk.* Bangkok, 2005.

# VIOLÊNCIA:
# UM PROBLEMA DE SAÚDE PÚBLICA

*Maria Fernanda Tourinho Peres*

Em 1996, através da Resolução n. 49.25, a Organização Mundial de Saúde (OMS) declarou que a violência é um dos principais problemas mundiais de saúde pública. Hoje, essa afirmação ainda causa certo estranhamento. Por que a violência é um problema de saúde pública? De que forma o setor da saúde e, em especial, a abordagem da saúde pública podem contribuir para a redução de um problema tradicionalmente tratado pelos setores judicial e de segurança pública?

A afirmação de que a violência é um problema de saúde pública sustenta-se, para a OMS, em dados que apontam para o crescimento, ao longo dos anos, da incidência de lesões intencionais em todas as faixas etárias e grupos de gênero, assim como pelas "sérias implicações, imediatas e a longo prazo, para a saúde e desenvolvimento psicológico e social [...] dos indivíduos" e para os serviços de saúde, particularmente, nesse caso, pelos "efeitos prejudiciais [que a violência impõe] para os escassos recursos da saúde pública" (OMS, Resolução n. 49.25). Nesse sentido, a abordagem da saúde pública da violência passa, necessariamente, pela análise do impacto que a violência, em suas diversas formas, tem na mortalidade, na morbidade e nos custos para o setor da saúde, sejam esses decorrentes do tratamento e reabilitação das vítimas como também dos anos potenciais de vidas perdidos.

Neste capítulo, procuraremos responder às duas questões anteriormente formuladas, lançando mão de dados sobre a situação no Brasil, assim como retomando questões tratadas não apenas na referida resolução da OMS mas, sobretudo, no *Relatório Mundial sobre Violência e Saúde* (Krug, 2002), publicado pela mesma organização em 2002. Para responder à primeira questão, qual seja, por que a violência é um problema de saúde pública no Brasil, apresentaremos dados sobre morbidade, mortalidade e custos gerados pelo atendimento às vítimas no setor da saúde.

## Estudos de morbidade: a violência e os efeitos à saúde

O estudo da morbidade relacionada às violências não se faz sem dificuldades no Brasil. Até muito recentemente, não contávamos com um sistema de informações sobre morbidade que nos informasse o tipo de causa externa (agressão, acidente, suicídio, acidente de transporte etc.) responsável pela lesão e, em consequencia, pelo atendimento. Apenas nos últimos anos, mais especificamente a partir de 2000, começou a ser registrada nas Autorizações de Internação Hospitalar (AIH) não apenas o tipo de lesão como, também, a causa externa que motivou o atendimento pelo setor de saúde. Cabe ressaltar, entretanto, que as AIHs fornecem informações apenas sobre os casos de internamento hospitalar na rede que compõe o Sistema Único de Saúde (SUS), sendo as informações, portanto, parciais.

Segundo Gawryszewski et al. (2004), ocorreram, no ano 2000, 35.494 internações hospitalares por lesões decorrentes de agressões, 5,4% do total de internações por causas externas do país. Assim como observado para os óbitos por homicídio, os homens predominam entre as vítimas de agressão internadas em hospitais vinculados ao SUS: do total, 29.880 eram homens (84,1%) e 5.614 eram mulheres (15,9%). Tanto na população total como na população masculina, as agressões ocupam a quarta posição entre as causas externas de internação hospitalar, com 5,4% e 4,6%, respectivamente.

Embora sejam parciais e não representativos da totalidade das admissões hospitalares, esses dados nos dão a dimensão do impacto da violência na saúde e, em particular, na morbidade hospitalar e geral no Brasil. Para ajudar a compor este quadro, passaremos a apresentar, na próxima seção, alguns dados de mortalidade.

## Análise dos dados de mortalidade: as mortes por homicídio no Brasil

Uma série de estudos realizada no Brasil demonstra que a mortalidade violenta – em particular, dos óbitos por homicídios – apresenta uma tendência constante de crescimento desde a década de 1980 (Souza, 1994; Mello-Jorge, 1997). Em termos absolutos, o número de mortes por homicídio no Brasil vem apresentando um crescimento bastante expressivo. Em 1979, foi registrado pelo Sistema de Informações sobre Mortalidade do Ministério da Saúde (SIM/MS) um total de 11.194 óbitos por homicídio. Esse número cresceu para 51.043 em 2003. O crescimento relativo foi da ordem de 356%. Nesse período, foram assassinadas no país 758.293 pessoas, a maioria jovens entre 15 e 39 anos.

É importante ressaltar que o número de óbitos por homicídios está crescendo em *todas* as faixas etárias. No grupo etário de crianças e adolescentes até 14 anos, o crescimento no período foi de 234%. Em 1979, o número de mortes por homicídio neste grupo foi de 250 e cresceu para 836 em 2003. Ao todo foram mortos por homicídio 14.818 crianças e adolescentes brasileiros no período entre 1979 e 2003.

As faixas etárias com maior crescimento relativo foram, respectivamente, 15 a 19 anos (627,4%) e 20 a 29 anos (400%). O número de mortes entre os adolescentes e jovens de 15 a 19 anos cresceu de 1.093 em 1979 para 7.951 em 2003. Ao todo foram assassinados 105.632 adolescentes no período. Os números são ainda mais alarmantes para a faixa etária de 20 a 29 anos: 289.827 mortes por homicídio. O número de óbitos em 1979 foi 4.108 e cresceu para 20.543 em 2003.

Com relação ao coeficiente de mortalidade por homicídio (CMH), o incremento também foi positivo em todas as faixas etárias. Considerando a população total, o CMH cresceu de 12,6 para cada 100 mil habitantes para 31,9, um crescimento relativo a 154%. O crescimento na faixa etária de 0 a 14 anos foi bastante expressivo, da ordem de 239%, devendo-se ressaltar que nesse grupo etário o valor do CMH é bastante baixo durante todo o período. Já na faixa etária de 15 a 19 anos, o CMH é bastante elevado, chegando ao patamar de 42,5 para cada 100 mil habitantes em 2003. O crescimento nesse grupo foi de 263%, o maior entre as faixas etárias. Destaca-se também o crescimento e os valores observados no grupo de 20 a 29 anos. No final do período, o CMH atinge o elevadíssimo valor de 65,6, o incremento foi de 143%.

Ao considerarmos a população total, os homicídios e agressões situam-se em quinto lugar entre as causas de morte no Brasil, responsáveis, sozinhos, por 5,1% de todas as mortes que ocorreram no país no ano 2003. Já nas faixas etárias de 15 a 19 anos, 20 a 29 anos e 30 a 39 anos, os homicídios ocupam a primeira posição entre as causas de morte. Na faixa etária de 15 a 19 anos, 41% das mortes ocorridas no Brasil em 2003 foram decorrentes de homicídios e agressões. Nos grupos de 20 a 29 e 30 a 39 anos, as proporções foram, respectivamente, 37,5% e 17,8%.

Considerando-se o total de homicídios ocorrido no período entre 1979 e 2003, 91,4% (692.325 casos) vitimaram homens e apenas 8,6% vitimaram mulheres ( 65.034 casos). O CMH na população feminina cresceu 94%, de 2,3 para 4,4 para cada 100 mil habitantes. Na população masculina, o incremento foi de 155%, de 21,2 para 54,1. Essa diferença nos valores do CMH resulta em um risco de morte por homicídios entre homens 12 vezes superior ao das mulheres.

Além da concentração das mortes entre homens e jovens, um outro dado merece ser destacado: a distribuição geográfica das mortes por homicídio no país. Os dados do SIM/MS indicam que há uma super-representação de mortes nas capitais brasileiras, onde ocorreram entre 42% e 36% dos homicídios ao longo do período considerado (1979 a 2003). No final da década de 1970 (1979 e 1980), mais de 40% dos homicídios registrados ocorreram nas capitais, consideradas em conjunto. Em 1980, as capitais concentravam 24% da população brasileira. Essa relação se mantém ao longo do período, com pequenas oscilações, e em 2003 as capitais, que concentravam 23,8% da população residente no país, concentravam 36% dos óbitos por homicídios.

## Custos da violência no Brasil

Em escala nacional, existem alguns poucos estudos que buscam estimar os custos diretos do setor da saúde para o tratamento de vítimas de violência. Iunes (1997) analisou o impacto econômico das causas externas no Brasil através dos gastos hospitalares com internação. Assim como no estudo da morbidade hospitalar, a fonte de informação utilizada para a análise de gastos é a Autorização de Internação Hospitalar (AIH). É possível supor, portanto, que os valores estão subestimados e expressam apenas uma parcela dos gastos diretos do setor da saúde para o atendimento de vítimas de acidentes e violências.

O autor analisou os dados para o mês de novembro de 1994. No período estudado, 72.766 casos observados resultaram em um total de 378.963 dias de internação hospitalar e em um total estimado de 12.459 anos de vida perdidos por morbidade relacionada aos acidentes e violências. Para o total de internações, foram gastos 23.923.861,94 reais para o tratamento das vítimas. Partindo dessa análise inicial, o autor estima um gasto anual de 287 milhões de reais, o que corresponde a aproximadamente 0,07% do PIB nacional. No que se refere aos custos diretos, alguns dados merecem ser destacados:

- As internações por causas externas tendem a ser mais caras do que a média de hospitalizações pagas pelo SUS: representam 5% das internações e consomem 8% dos recursos.
- Cada internação custa em média, para o SUS, 239,40 reais. As hospitalizações por causas externas custam, em média, 328,78 reais.
- O custo/dia das internações por causas externas é 60% maior do que o custo/dia médio das internações pagas pelo SUS: 63,1 e 39,44 reais, respectivamente.

Com relação aos custos indiretos (não monetários) – mortalidade e anos potenciais de vida perdidos –, a literatura chama atenção para o grande impacto das causas externas. Apresentamos a seguir algumas das principais observações feitas:

- Entre 1981 e 1991 os óbitos por causas externas cresceram 42% no país. Já o total de óbitos cresceu pouco menos de 13% no mesmo período.
- A mortalidade por causas externas representou cerca de 2,6 milhões de anos potenciais de vidas perdidos (APVP) no país em 1981. Em 1991 foram 3,4 milhões de anos potenciais de vidas perdidos em função da mortalidade por causas externas.
- Considerando-se o total de causas de morte no país, houve uma queda – entre 1981 e 1991 – de 12% nos APVP. Já para as causas externas, houve aumento de 30% dos APVP.
- Os acidentes e as violências representavam 12% dos óbitos em 1991 e 17,4% dos APVP no mesmo ano.

Apesar de parciais e incompletos, os dados permitem que tenhamos uma ideia dos elevados custos monetários diretos relacionados às internações hospitalares motivadas pelas causas externas no Brasil. Não foram considerados, nesse estudo, os gastos ambulatoriais e de emergência, além dos gastos diretos não médicos (transportes, locomoção, custos impostos a terceiros em função do tratamento/reabilitação). Uma análise dos custos dos atendimentos hospitalares em emergência foi realizada por Deslandes et al. (1998) com amostra de pacientes atendidos em dois hospitais municipais do Rio de Janeiro para um período de um mês.

Nos dois hospitais, a violência interpessoal (violência doméstica, bala perdida e agressões) representa parcela significativa dos gastos com atendimento de emergência. No hospital um (H1), 24,9% dos gastos foram relativos a atendimento dessa categoria, percentual que atinge 49,8% no hospital dois (H2). Em termos monetários, o custo do atendimento de vítimas de violência interpessoal foi de 11.255,58 reais no hospital um e 21.814,62 reais no hospital dois. Isso resulta em um gasto total de 33.070,20 reais em apenas dois hospitais, em um mês de atendimento, para a amostra estudada. Com base nesses dados, os autores estimam um custo mensal para o universo de atendimentos de vítimas de violência interpessoal nos dois hospitais da ordem de 43.890,20 reais ao mês, sendo o custo anual estimado da ordem de 526.682,4 reais. Nos dois hospitais predominam os gastos com o tratamento de casos de agressão, seguido, no H1, pelo atendimento a vítimas de balas perdidas e, no H2, de violência doméstica.

Apesar de os resultados desse estudo não poderem ser generalizados nem mesmo para a totalidade de hospitais municipais do Rio de Janeiro, ele é bastante relevante por permitir uma primeira aproximação aos gastos com um dos setores do sistema de saúde nunca antes estudado, dada a inexistência de dados. Vimos que a violência interpessoal consome uma parcela significativa dos atendimentos de emergência às vítimas de violência, especialmente as agressões, com um montante anual estimado para os dois hospitais que supera quinhentos mil reais.

Um estudo realizado pelo BID/ISER buscou analisar, entre outros, os custos econômicos da violência no município do Rio de Janeiro, no ano de 1995. Esse estudo, mais abrangente, considerou entre os componentes do custo monetário os gastos dos sistemas de saúde, segurança e justiça, além das transferências sociais (seguros e perdas materiais diretas). Foram monetarizados, ainda, os anos potenciais de vida perdidos por morte ou incapacidade.

Os autores estimam que os gastos gerados pela violência no município do Rio de Janeiro representam 5% do PIB municipal. Cabe ressaltar que as despesas se supõem maiores, uma vez que não foram estimados gastos com segurança privada e os efeitos da violência sobre crescimento e investimentos (efeitos multiplicadores econômicos). A maior parcela dos gastos refere-se ao setor saúde, incluídos os atendimentos e anos de vida perdidos por morte e incapacidades. No total de despesas do setor saúde, 96,1% são gastos relativos aos anos potenciais de vida perdidos por morte ou incapacidade.

Dois outros estudos que buscam avaliar os custos relacionados à violência foram realizados, sendo um referente ao estado de Pernambuco (Mendonça et al., 2002) e um referente a Salvador (Noronha et al., 2003). Mendonça et al. (2002) analisaram os gastos hospitalares com crianças e adolescentes de 0 a 19 anos no estado de Pernambuco. Os autores utilizaram como fonte de informação as AIHs para o ano de 1999. No quadro seguinte, apresentamos um resumo dos principais resultados.

## Gastos hospitalares com crianças e adolescentes vítimas de violência no estado de Pernambuco, 1999.

1. No ano de 1999, foram internadas 9.220 crianças e adolescentes no estado de Pernambuco em decorrência de causas externas;
2. O custo total das internações por causas externas foi de 3.659.558,62 reais;
3. As internações por causas externas consumiram 6,3% do total de gastos com internação hospitalar (SUS) na faixa etária;
4. O custo médio das internações por causas externas é superior ao custo médio das internações por todas as causas: 396,91 e 306,49 reais, respectivamente.

Fonte: Mendonça et al., 2002.

Em Salvador, Noronha et al. (2003) realizaram um estudo com amostra de casos atendidos na emergência de dois hospitais de referência e estimaram, a partir de dados coletados em prontuários e de informações obtidas diretamente das vítimas e/ou seus familiares, os *custos monetários diretos* gastos com o tratamento pelo setor público de saúde e pelas vítimas e seus familiares/acompanhantes (compra de medicamentos, dietas especiais, transporte etc.) e os *custos indiretos econômicos* (prejuízos sofridos pelas vítimas e acompanhantes em razão de perda de rendimento potencial – oportunidades perdidas na ida ao atendimento médico). A partir dos dados coletados, os autores realizaram um estimativa de gastos anuais com atendimento de emergência de vítimas de violência interpessoal intencional nos dois hospitais de Salvador.

Assim como os resultados do trabalho de Deslandes et al. (1998), esses resultados não podem ser generalizados para todos os hospitais do município de Salvador. Apesar disso, são bastante úteis para termos uma dimensão dos custos com atendimento de vítimas de violência, especialmente no que se refere aos custos pessoais. Segundo Noronha et al. (2003), a violência intencional responde por quase 3% dos gastos totais em atendimentos de emergência nas duas unidades hospitalares estudadas. São bastante expressivos os gastos pessoais, da ordem de 1.633.070,00 reais. Algumas informações adicionais devem ser ressaltadas para uma melhor caracterização desses gastos:

- Do total de entrevistados na amostra (198 pessoas), apenas 3% informaram ter adquirido as medicações prescritas através do SUS e 24% informaram ter comprado os medicamentos em farmácia;

- 41% dos entrevistados não retornaram às suas atividades de rotina após o incidente;
- Entre os que não retornaram às atividades, 89% referiram sentir dores e apresentar sequelas relacionadas à violência e 11% necessitaram de próteses.

Apesar das distintas metodologias e períodos de estudo, considerando ainda que nem todos os estudos apresentados abordam as mesmas dimensões dos custos relacionados à violência, é possível afirmar o forte impacto que o fenômeno tem no Brasil, seja do ponto de vista monetário, seja das vidas e anos de produtividade perdidos. Os gastos do setor da saúde em internações hospitalares e em atendimento de emergência são bastante expressivos e consomem grande parte dos recursos destinados ao SUS pelo Governo Federal. Um outro dado extremamente importante é o gasto que as famílias das vítimas têm, privadamente, para o tratamento das lesões secundárias à violência interpessoal, o que, provavelmente, tem forte impacto no orçamento de milhares de famílias, comprometendo o bem-estar geral e a qualidade de vida.

## A abordagem da saúde pública

Vimos, nas seções anteriores, por que a violência é, no Brasil, um problema de saúde pública: a violência provoca danos à saúde da população, os quais se expressam em termos de morbidade e mortalidade, e os custos gerados no setor da saúde são bastante expressivos, comprometendo uma grande parcela dos recursos destinados à saúde no país. A face mais dramática desse problema pôde ser percebida através dos dados de mortalidade: os homicídios são a primeira causa de morte nas camadas jovens da população, superando todas as demais causas, naturais e não naturais. Isso faz com que, como vimos, sejam a principal causa de anos potenciais de vidas perdidos no país. Nesta seção vamos apresentar, brevemente, como se constitui a abordagem da saúde pública ao problema, para então respondermos à nossa segunda questão: de que forma o setor da saúde e, em especial, a abordagem da saúde pública podem contribuir para a redução de um problema tradicionalmente tratado pelos setores judicial e de segurança pública?

Para responder essa questão torna-se necessário, inicialmente, questionar a delimitação do objeto do campo da saúde em torno do qual se estruturam a produção de saber e as estratégias de intervenção. Assim como a violência é tradicionalmente tratada como um problema específico dos setores judiciário e de segurança pública, a doença (alteração patológica de base orgânica que se expressa física ou psiquicamente) é o objeto próprio das disciplinas que compõem o grande campo da saúde.

Entretanto, é importante deixar claro que a afirmação de que a violência é um problema de saúde pública não implica reduzir o fenômeno a uma doença e buscar compreendê-lo a partir dos referenciais dados pelo modelo biomédico. Trata-se, como dizem Minayo e Souza (1999), de se aproximar do tema sem transformá-lo em um objeto próprio, mas sim considerá-lo um fenômeno que tem fortes bases sociais, culturais e históricas, as quais é preciso compreender para enfrentar de forma adequada e eficaz. Para isso, dizem as autoras, é preciso partir-se de um conceito ampliado de saúde/doença como sendo tudo o que significa agravo e ameaça à vida, às condições de trabalho, às relações interpessoais e à qualidade da existência.

Trata-se, portanto, de olhar a violência como um fenômeno complexo e multifacetado, cujas vias de determinação são múltiplas e estão em dinâmica inter-relação. No *Relatório Mundial Sobre Violência e Saúde*, Krug (2002) apresenta o modelo ecológico, a partir do qual se estrutura, segundo proposto pela OMS, a abordagem da saúde pública. Segundo esse modelo, as violências – em suas diversas formas – resultam da ação de determinantes individuais, familiares, comunitários e sociais, os quais se influenciam reciprocamente e devem ser considerados não apenas para a compreensão, mas, sobretudo, para a prevenção, objetivo último das ações em saúde pública.

Ao afirmar que a abordagem da saúde pública se fundamenta, entre outros, no desenvolvimento de formas de evitar a violência, o autor ressalta a ênfase dada à prevenção. Trata-se, portanto, de conhecer o problema, identificar os "fatores que contribuem para as respostas violentas" e agir antecipadamente, cortando os elos que compõem os "vários níveis de influência sobre o comportamento" (Krug, 2002) ou, como dizem Minayo e Souza (1999), atuar nos fatores de risco e na rede causal, tanto do ponto de vista individual como macrossocial.

Para isso, entretanto, é fundamental a construção de ações verdadeiramente intersetoriais e integradas. Não se trata, portanto, de situar a abordagem da saúde pública como uma alternativa às ações no campo da segurança pública, mas como um complemento que vai além de uma mera sobreposição. Para uma abordagem efetiva do problema, é preciso abrir vias de diálogo e ação conjuntas. Se a saúde pública tem algo a festejar nesse longo processo que se inicia para o enfrentamento de um problema de tamanha complexidade é ter possibilitado esta abertura de diálogo, pondo em evidência que a violência não é apenas um problema de segurança pública, mas é também um problema de saúde pública e, sobretudo, um problema social.

Não são poucos, entretanto, os desafios que ainda se colocam para os profissionais de saúde: construir, com outros campos de ação, uma verdadeira estratégia intersetorial e se envolver efetivamente nessas estratégias, não apenas enquanto instância de tratamento das possíveis sequelas mas enquanto campo disciplinar portador de instrumentais que permitem entender as raízes do problema – compreendendo-se "problema" não somente os efeitos à saúde mas à própria violência – e evitar a sua ocorrência. Dessa forma, afirmar que a violência é um problema de saúde pública implica ampliar o campo de ação do setor saúde para prevenir a violência em suas diversas formas, seja no ambiente doméstico ou no espaço mais amplo que constitui a vida em sociedade.

## Bibliografia

AZEVEDO-LIRA, Margarida M.T.; DRUMMOND-JR., Marcos. Anos potenciais de vida perdidos no Brasil em 1980 e 1997. In: *Estudos Epidemiológicos*. Distrito Federal: Funasa, Ministério da Saúde, 2000, pp. 7-46.

BID/ISER. Magnitude, custos econômicos e políticas de controle da violência no Rio de Janeiro. Washington: Banco Interamericano de Desenvolvimento, 1998.

CALDEIRA, T. P. R. *Cidade de muros*: crime, segregação e cidadania em São Paulo. São Paulo: Ed. 34/Edusp, 2000.

CEPES/SARAH. Mapa da morbidade por causas externas. Brasília: Centro de pesquisa e estudos em prevenção e educação da rede Sarah. Disponível em: www.sarah.br, 2000.

DESLANDES, S. F.; SILVA, C. M. F. P.; UGÁ, M. A. C. O custo do atendimento emergencial às vítimas de violências em dois hospitais do Rio de Janeiro. *Cadernos de Saúde Pública* 14 (2), São Paulo, 1998, pp. 287-99.

DRUMMOND JR., M. Homicídios e desigualdades sociais na cidade de São Paulo: uma visão epidemiológica. *Saúde e Sociedade* 8 (1), 1999, pp. 63-81.

GAWRYSZEWSKI, V. P.; KOIZUMI, M. S.; MELLO-JORJE, M. H. P. As causas externas no Brasil no ano 2000: comparando a mortalidade e a morbidade. *Cadernos de Saúde Pública* 20 (4), 2004, pp. 995-1003.

IUNES, R. F. III – Impacto econômico das causas externas no Brasil: um esforço de mensuração. *Revista de Saúde Pública* 31 (4s), 1997, pp. 38-46.

KRUG, E. Relatório mundial sobre violência e saúde. Genebra: OMS, 2002.

MELLO-JORGE, M. H. P. et al. Análise dos dados de mortalidade. *Revista de Saúde Pública* 31 (4s), São Paulo, 1997, pp. 5-25.

MENDONÇA, R. N. S.; ALVES, J. G. A.; CABRAL-FO, J. E. Gastos hospitalares com crianças e adolescentes vítimas de violência no Estado de Pernambuco, Brasil, em 1999. *Cadernos de Saúde Pública* 18 (6), São Paulo, 2002, pp.1577-81.

MINAYO, M. C.; SOUZA, E. R. É possível prevenir a violência? Reflexões a partir do campo da saúde pública. *Ciências e Saúde Coletiva* 4 (1), 1999, pp. 7-23.

NORONHA, C.V. *Violência e saúde*: magnitude e custos dos atendimentos de emergência na cidade de Salvador, Bahia. Relatório de Pesquisa, UFBA/ISC/DFID/SESAB, 2003.

SOUZA, E. R. Homicídios no Brasil: o grande vilão da saúde pública na década de 1980. *Cadernos de Saúde Pública* 10 (1s), São Paulo, 1994, pp. 45-60.

# DOS DIREITOS DA MULHER
# À DEFESA DA FAMÍLIA

*Guita Grin Debert*

> Na delegacia de defesa da mulher de um município com menos de 50 mil habitantes, no interior de São Paulo, Jandira fez cerca de 10 boletins de ocorrência, acusando Joaquim, seu marido, de crime de lesão corporal ou de ameaça. Mas ela sempre voltava à delegacia para pedir que o boletim fosse desconsiderado, pois ela queria dar mais uma chance ao marido arrependido, mesmo que, muitas vezes, ele a enxotasse de casa com os filhos. Jandira acabou por se separar de Joaquim. Alguns anos depois, a esposa de Joaquim Jr., filho do casal citado, fazia queixa na mesma delegacia contra o jovem marido, pois ele a teria agredido. Repreendido pela escrivã, que o lembrou do sofrimento da família com as agressões perpetradas pelo pai, Joaquim Jr. teria chorado como uma criança e, depois desse episódio, nunca mais houve queixa contra ele. (Entrevista concedida à autora)

A agente policial que contou essa história disse que dificilmente um caso como esse poderia ocorrer num distrito policial de grande centro urbano:

> as pessoas também procuram a delegacia para fazer queixas de conflitos corriqueiros como acontece no interior, mas em cidades grandes os funcionários

das delegacias dão canseira a essas pessoas, perguntam do que se trata e, se é caso de briga doméstica, pedem para a pessoa esperar e a fazem esperar 2 ou 3 horas, para que a pessoa se canse e desista de dar queixa [...].

Nas delegacias de defesa da mulher, comenta a agente, todas as ocorrências:

> são atendidas com respeito, mas temos as mulheres decididas, que vão até o fim com os processos contra agressores, as que recorrem apenas ocasionalmente à delegacia pois são agredidas em virtude de circunstâncias raras dentro do contexto doméstico, e as recorrentes, que sempre são agredidas, mas nunca levam até o fim sua queixa contra os parceiros. (Entrevista)

As Delegacias de Polícia de Defesa da Mulher (DDMs), criadas em São Paulo em 1986, foram uma invenção pioneira brasileira que depois se expandiu para outras cidades do país e para outros países da América Latina.

A criação dessas instituições só pode ser compreendida no contexto da reabertura democrática dos anos 1980 e da pressão exercida pelos movimentos feministas, que, com muita veemência, criticaram o descaso com que a violência contra a mulher era tratada pelo sistema de justiça, particularmente no tribunal do júri e na polícia, conforme nos mostram os estudos de Mariza Correa (1981, 1983), entre outros.

A grande repercussão obtida, no final dos anos 1970, por um processo de homicídio em que o réu confesso, um rico empresário, foi absolvido pelo tribunal do júri com a tese da legítima defesa da honra, deu um novo impulso ao movimento feminista, cujos protestos acabaram por levar o caso a um novo julgamento e a condenação do réu a 15 anos de prisão.

O machismo que orientava o modo como as leis eram aplicadas e os procedimentos adotados na polícia passaram então a ocupar posições centrais na luta dos movimentos feministas brasileiros. As delegacias da mulher foram uma resposta do Estado aos movimentos feministas e são até hoje a principal política pública de combate à violência contra a mulher no Brasil.

Essas delegacias são um equipamento policial, uma parte integrante do sistema de justiça brasileira, voltada para garantir os direitos de cidadania da mulher e dar um atendimento jurídico policial às mulheres vítimas de espancamento, estupro, tentativas de homicídio, ameaças e outras violências abarcadas pelo direito criminal, exceto homicídios consumados, cometidas contra mulheres pelo fato de elas serem mulheres. O Brasil conta atualmente com cerca de 310 delegacias da mulher. Essa instituição é uma das faces mais visíveis da politização da justiça na garantia dos direitos da mulher e uma forma de pressionar o sistema de justiça na criminalização de assuntos que eram tidos como questões privadas.

Os dilemas enfrentados pelas DDMs e o seu significado só podem ser compreendidos se levarmos em conta três condições fundamentais que regem sua dinâmica: a especificidade da instituição policial brasileira na interface com o sistema de justiça criminal, o caráter que a relação entre universalismo e particularismo ganha no país e o papel desempenhado pelos movimentos sociais na politização da justiça.

Sabemos que o acesso à justiça é uma das bases primordiais em que se assenta uma sociedade democrática, e o sistema de segurança se constitui numa das faces mais visíveis da institucionalidade pública. Nesse sistema, a polícia é a instância exposta com maior frequência pela mídia, e suas delegacias, os distritos policiais, são um recurso amplamente utilizado pela população mais pobre para conhecer a lei e encontrar um respaldo legal para a resolução de conflitos. Essa visibilidade da polícia contrasta, por um lado, com a visão da polícia que prevalece no país: a visão de que seus agentes agem de maneira arbitrária, são ineficazes no combate à violência e afeitos à corrupção. Por outro lado, contrasta também com a posição de subalternidade que a instituição ocupa no sistema de justiça criminal, na medida em que sua autonomia é limitada não apenas pelo judiciário e pelo ministério público, mas também pelas próprias autoridades policiais através de suas corregedorias. É no contexto de dilemas enfrentados pela instituição policial que as delegacias da mulher devem ser compreendidas de modo a explorar a sua particularidade no sistema de justiça.

As DDMs só podem ser compreendidas como parte de um conjunto de ações levadas a cabo por organizações governamentais e pela sociedade civil, empenhadas no combate às formas específicas pelas quais a violência incide em grupos discriminados. Tendo suas práticas voltadas para segmentos populacionais específicos, o pressuposto que orienta a ação dessas organizações é que a universalidade dos direitos só pode ser conquistada se a luta pela democratização da sociedade contemplar a particularidade das formas de opressão que caracterizam as experiências de cada um dos diferentes grupos desprivilegiados. Esse movimento leva à criação de tipos diversos de delegacias de polícia que terão impactos distintos, a exemplo das delegacias da criança e do adolescente, do idoso e as de crimes de racismo. O dilema dos agentes em cada uma dessas instâncias é combinar a ética policial com a defesa dos interesses das minorias atendidas. Esse desafio cria arenas de conflitos éticos, dando uma dinâmica específica ao cotidiano das delegacias, exigindo de seus agentes uma monumental dose de criatividade.

Os conflitos entre particularidade e universalidade oferecem também um caráter específico ao que tem sido chamado de "judicialização das relações sociais". Essa expressão busca contemplar a crescente invasão do direito na organização da vida social. Nas sociedades ocidentais contemporâneas, essa invasão do direito tem alcançado a regulação da sociabilidade e das práticas sociais em esferas tidas, tradicionalmente, como de natureza estritamente privada, como são os casos das relações de gênero e o tratamento dado às crianças pelos pais ou aos pais pelos filhos adultos.

Esses novos objetos sobre os quais se debruça o Poder Judiciário compõem uma imagem das sociedades ocidentais contemporâneas como cada vez mais enredadas com a semântica jurídica, com seus procedimentos e com suas instituições.

Alguns analistas, como Werneck Viana (1999) ou Teófilo Rifiotis (2001), consideram essa expansão do direito e de suas instituições ameaçadora da cidadania e dissolvente da cultura cívica, na medida em que tende a substituir o ideal de uma democracia de cidadãos ativos por um ordenamento de juristas que, arrogando-se a condição de depositários da ideia do justo, acabam por usurpar a soberania popular. As delegacias especiais de polícia voltadas para a defesa de minorias são, no entanto, fruto de reivindicações de movimentos sociais e, por isso, devem ser vistas como expressão de um movimento inverso de politização da justiça. Indicariam antes um avanço da agenda igualitária, porque expressam uma intervenção da esfera política capaz de traduzir em direitos os interesses de grupos sujeitos ao estatuto da dependência pessoal. Por isso mesmo, a criação das delegacias especiais cria uma expectativa de que essas instituições, para além da sua atividade estritamente policial, abririam também um espaço pedagógico para o exercício do que são consideradas virtudes cívicas.

Essas três condições colocam para as delegacias especiais uma enorme tarefa, que será desempenhada com mais ou menos sucesso dependendo do contexto em que as delegacias estão inseridas.

## As delegacias, suas agentes e seu público

As DDMs têm formatos diferentes, estão em estados e cidades de tamanhos variados, que contam com recursos e infraestruturas distintas. Dificilmente um caso como o de Joaquim, relatado no início deste texto, poderia ter ocorrido numa DDM na cidade de São Paulo ou em qualquer outro município de grande porte. As DDMs geralmente estão instaladas num imóvel adaptado para essa finalidade, localizado em áreas de fácil acesso com transportes públicos (ônibus ou metrô). Na maioria dos casos, as delegacias dispõem de telefone e computador, mas raramente contam com uma viatura e motorista. Além do delegado titular, cada equipamento deve ter pelo menos um escrivão e um investigador, que na grande maioria dos casos são mulheres que fizeram carreira policial. A delegacia da mulher da cidade de Salvador, na Bahia, por exemplo, oferece um modelo muito sofisticado de atendimento às mulheres vítimas da violência. Está num prédio construído com essa finalidade, que, além de uma infraestrutura bem montada de serviços policiais, conta com atendimento de assistentes sociais e psicólogas (Piscitelli, 2006). Contudo, em algumas cidades do nordeste brasileiro as delegacias não dispõem nem mesmo de um telefone.

As DDMs diferem também no que diz respeito aos apoios que recebem do Legislativo, do Executivo municipal e estadual e de organizações não governamentais (algumas DDMs dispõem de serviços de atendimento psicológico dado por ONGs ou universidades). Elas dependem ainda das conjunturas políticas locais em que a instituição pode ter mais ou menos prestígio do poder político. Por fim, e sobretudo, o atendimento oferecido depende da convicção política de seus agentes e do modo como estes caracterizam sua clientela e seus interesses. Por isso é de importância fundamental a relação que militantes do movimento feminista estabelecem com os policiais em cada contexto. De todo modo, o que as pesquisas têm mostrado, pelo menos para São Paulo – onde se encontram 126 das 310 DDMs brasileiras –, é que mesmo sendo atualmente mais frouxa a relação entre as delegacias e o movimento feminista, suas agentes têm um discurso de gênero.

Apesar das diferenças mencionadas, outras semelhanças podem ser identificadas. Como mostrou Brockson (2006), quando as agentes das DDMs falam da mulher como uma totalidade, tendem a considerar que esse é um grupo oprimido. Contudo, essa posição raramente é mantida quando tratam da clientela que recorre às DDMs. Nesse caso, a tendência é, como vimos no relato que abriu este texto, segmentar o público entre aquelas mulheres que vão atrás dos seus direitos e aquelas que usam de maneira escusa as delegacias de modo a fazer com que seus maridos e companheiros se lembrem de seus deveres e passem a se comportar da maneira adequada a esse papel social. São essas últimas que tornam difícil e acabam por desvirtuar o trabalho das DDMs, na opinião de suas agentes. A tendência das agentes é, então, a de usar um discurso sociológico ou se servir das dimensões moral e psicológica da clientela para caracterizar os dilemas envolvidos nas decisões que são obrigadas a tomar: "tem mulher que gosta de sofrer elas não querem sair de casa e buscar os seus direitos" (Entrevista). Ou então:

> Elas vivem numa condição de dependência, sem expectativa de emprego que dê uma condição digna de sobrevivência. [...] O problema dela é intrínseco à condição (da mulher que busca a delegacia), mora em um bairro afastado, não tem nenhum nível de escolaridade, tem filhos, tem que trabalhar de doméstica. [...] Elas ficam dependentes daquela condição que o marido oferece. Na verdade eu acho que elas gostariam de uma solução para o problema, aquela coisa: 'me tira desta vida, resolve'. Uma solução imediata. Elas saem decepcionadas porque a gente não tem. (Entrevista à autora).

As delegacias atendem majoritariamente mulheres de classes populares, com um nível relativamente baixo de instrução (primeiro grau completo ou incompleto), que recorrem às DDMs para dar queixa da violência cometida por maridos ou companheiros. A maioria das vítimas é caracterizada como "do lar" ou "doméstica" e tem entre 20 a 35 anos de idade.

Segundo Brockson (2006), tanto a suposição do desinteresse da vítima na punição do agressor como também a percepção de que a delegacia tem um papel subalterno no sistema de justiça criminal são acionadas para legitimar o fato de que a grande maioria dos crimes, em todas as delegacias, é tipificada como lesões corporais leves ou ameaça, mesmo no caso em que há uma identificação da delegada com um ideário feminista.

Perguntar por que não se registra como crime de tentativa de homicídio a queixa de uma mulher que vem à delegacia com hematomas no pescoço e conta que o marido tentou enforcá-la com um cinto tem uma resposta taxativa das delegadas: se o juiz considerar que não foi tentativa de homicídio, e sim lesão corporal, está prescrito e então é muito pior.

O fato é que uma proporção muito pequena das ocorrências levadas à delegacia se transforma em boletins de ocorrência e uma proporção menor ainda se transforma em inquéritos policiais; por isso as delegacias da mulher são uma decepção para seus agentes e para as feministas. Essa desproporção está presente em outras delegacias, que, inspiradas nas delegacias da mulher, tratam de ocorrências que envolvem outras minorias, como a delegacia do idoso. Essa desproporção está também presente em todos os distritos policiais, porque a polícia, como já se disse, é um equipamento amplamente utilizado pela população mais pobre para conhecer a lei e buscar um respaldo institucional para a solução de conflitos familiares e entre vizinhos.

Contudo, nas delegacias da mulher essa desproporção causa uma decepção com a própria instituição. Pouca ênfase tem sido dada, pelos analistas, ao fato de as delegacias não disporem de abrigos e ao fato de, em boa parte dos casos, as vítimas terem que voltar para suas casas antes que os procedimentos policiais sejam adotados e antes que as mulheres possam ter uma proteção efetiva contra seus agressores.

## Dos direitos da mulher à hipocrisia da defesa da família

O entusiasmo com a instituição das Delegacias que cercou boa parte das feministas foi seguido da decepção com a realidade difícil de admitir que as vítimas não levam até o fim os processos contra os seus agressores, impedindo, portanto, sua punição. Para explicar essa decepção, referências são feitas ao problema dos dispositivos de poder e dominação que permeiam as relações hierarquizadas, como é a questão do gênero, e que tornam ineficazes instituições como as delegacias de polícia. Referências também são feitas às táticas de conflito envolvidas nas relações afetivas, para ressaltar o caráter cíclico do jogo da violência construído e mantido por casais e que teria nas delegacias de polícia um canal de atualização e de reiteração da posição da vítima.

Interessa aqui, no entanto, chamar a atenção para as análises que procuram enfatizar a importância do papel assistencial das delegacias independentemente de suas funções judiciárias. Desse ponto de vista, que cada vez ganha mais adeptos, as delegacias frustram aqueles que apostam na solução punitiva dos crimes cometidos contra a mulher, mas a positividade de sua atuação merece ser avaliada: a busca pelos seus serviços é, em geral, movida por expectativas de soluções em curto prazo para conflitos estranhos, em princípio, à linguagem e aos procedimentos jurídicos. A clientela que recorre à delegacia espera menos a consecução de sentenças judiciais, cujo desfecho seria a punição do acusado, do que a resolução negociada de conflitos domésticos aparentemente inadministráveis. Os agentes das delegacias, particularmente quando são sensíveis, situam-se a meio caminho entre o mundo das ocorrências e a esfera da legalidade, e realizam, na prática, a tradução entre um domínio e o outro: de um lado, oferecendo instrumentos de pressão e negociação para as denunciantes e, de outro, sendo forçados a abrir mão de algumas de suas referências legais de modo a responder as demandas desse terreno tão pantanoso como é o da violência doméstica.

É nos termos desse terceiro modelo – em que as funções assistenciais e conciliatórias são realçadas e defendidas – que as DDMs correm o risco de se transformarem em delegacias da família. Nesse caso, a tendência da instituição é se voltar para a judicialização das relações sociais nas famílias pobres, redefinindo normas e papéis que devem ser desempenhados por membros dessas famílias, compostas por cidadãos que se recusam ao exercício de direitos civis conquistados. As causas envolvidas na produção dos crimes são vistas como de caráter moral ou resultados da incapacidade dos membros da família em assumir os diferentes papéis que devem ser desempenhados em cada uma das etapas do ciclo da vida familiar.

Em 1995 foram criados os juizados especiais criminais (JECRIMs), inspirados nos *Small Claims Courts* norte-americanos. Orientados pelos princípios da busca de conciliação, os JECRIMs têm como objetivos centrais ampliar o acesso da população à justiça e promover a rápida e efetiva atuação do direito pela descomplicação e simplificação de procedimentos na área cível e também criminal. Esses são objetivos louváveis na medida em que a ampla maioria da população no país não tem acesso à justiça e onde esta é vista como excessivamente burocrática, lenta e ineficiente. Tratando de contravenções e crimes considerados de menor poder ofensivo, cuja pena máxima não ultrapassa um ano de reclusão — como são os crimes de lesão corporal e ameaça —, esses juizados — para surpresa de seus propositores e defensores — passam por um processo que poderia ser chamado de feminização. A maioria das vítimas nos processos que os juizados recebem são mulheres, que são vitimizadas pelo fato de serem mulheres.

Em outras palavras, a criação dos JECRIMs fez chegar à justiça uma demanda que antes não chegava porque raramente ultrapassava as portas das delegacias especiais, voltadas para a defesa das minorias. A Lei n. 9.099/95 e os juizados mudaram radicalmente a dinâmica das delegacias da mulher, que podem agora mandar rapidamente as queixas que lhe são apresentadas aos JECRIMs. No JECRIM o juiz — que na maioria das vezes não tem uma perspectiva feminista e geralmente considera que a família deve ser defendida a qualquer preço — trata de fazer uma conciliação entre as partes em litígio.

Obviamente, a conciliação entre o casal pode ocorrer na delegacia da mulher, como parece ter acontecido com Joaquim, contra o qual, como ouvimos, nunca mais houve uma queixa. Mas os estudos têm mostrado que a diferença da conciliação no JECRIM e na DDM não está no fato de que a conciliação e mediação de conflitos sejam a essência da prática nos JECRIMs enquanto nas DDMs trata-se de um procedimento informal (Derbert & Oliveira, 2004): nas DDMs, independentemente do grau de identificação de suas agentes com o ideário feminista, esse ideário impregna boa parte dos procedimentos adotados, nos quais a ideia de que a mulher é um sujeito de direitos organiza a interação dos agentes com as partes em conflito. Daí o mal-estar das agentes das DDMs com "as recorrentes", tal como aparece no relato feito no início deste texto. No JECRIM é a defesa da família – dos papéis sociais que se espera que homens e mulheres venham preencher – que organiza a conciliação. Frases como "numa mulher não se bate nem com uma flor" e "mande um buquê de flores para ela" ditas pelo juiz ao agressor servem para ilustrar o caráter dos procedimentos adotados nesses juizados quando a família está em questão.

Como resposta às denúncias feitas por feministas contra o modo como a violência contra a mulher estava sendo tratada nesses juizados e também para responder à quantidade crescente de processos de violência doméstica encaminhados a essa instituição, foi criado em 2003, em São Paulo, o JECRIM da família, que merece um estudo à parte, mas cujo nome deixa claro que é a família que se trata de proteger.

Ainda em São Paulo, estado com o maior número de delegacias da mulher, as funções dessas delegacias foram ampliadas. O Decreto n. 40.693 de 1996 incluiu no leque de suas atribuições a investigação e a apuração dos delitos contra a criança e o adolescente ocorridos no âmbito doméstico e de autoria conhecida.

Nessa ampliação de atribuições está envolvida uma reconceitualização das DDMs em que o acento deixa de ser nos direitos da mulher para se voltar à violência doméstica. Ao sugerir a transformação das delegacias de defesa da mulher em delegacias ou juizados da família, propõe-se que as vítimas negociem com seus familiares agressores as condições de sua existência material e social. E, assim, as vítimas são transformadas novamente em vítimas, vítimas também de uma cidadania malsucedida, uma cidadania que falhou porque recusa a condição de sujeito em países em que esses direitos foram legalmente garantidos.

A família passa a desempenhar um novo papel nas políticas públicas, transformando-se numa aliada imprescindível no tratamento que as agências governamentais oferecem a essa cidadania malograda. Ações voltadas para o combate da violência doméstica correm o risco de transformar concepções próprias da criminologia, na medida em que vítimas e acusados passam a ser tratados como seres incapazes de exercer direitos civis.

Vários autores têm mostrado que as sociedades ocidentais, nos anos 1980 e início dos anos 1990, assistiram à emergência de uma nova agenda moral que questionou a dependência em relação ao Estado. A preocupação com os custos financeiros das políticas sociais levou a uma nova ênfase na família e na comunidade como agências capazes de solucionar uma série de problemas sociais. Contudo, é uma nova visão da família que está em jogo, distinta daquela que caracterizava o seu papel em agendas anteriores. No pós-guerra, como mostra Simon Biggs (1995), as ideologias e práticas do *Welfare*

*State* tinham um conteúdo paternalista que impedia o questionamento da integridade da família como instância privilegiada para arcar com o cuidado de seus membros. Esse paternalismo é abalado nos anos 1970 com os movimentos de denúncia da violência doméstica contra a criança e a mulher. Na agenda atual, os deveres e as obrigações da família são redefinidos, na medida em que ela é chamada pelas agências governamentais e pelo sistema de justiça para lidar com a cidadania malograda. Essas agências, por sua vez, arrogam-se o direito de precisar quais são os direitos e os deveres de cada membro da família, de modo a garantir o convívio entre parentes e outras pessoas ligadas por relações afetivas.

Não se trata mais, portanto, da defesa da família patriarcal tal como esse modelo foi caracterizado no estudo sobre a família brasileira. Não se trata de um mundo privado impenetrável às instituições estatais e ao sistema de justiça. Estamos também muito distantes da família como o reino da proteção e da afetividade, o refúgio num mundo sem coração. A família passa a ser percebida como uma instância em que os deveres de cada um de seus membros são claramente definidos, e as políticas públicas devem criar mecanismos capazes de reforçar e estimular o desempenho desses papéis.

Instituições criadas no contexto de valorização do ideário democrático, no intuito de politizar a justiça de modo a garantir uma sociedade mais igualitária, podem assim, paradoxalmente, passar por um processo de reprivatização, que expulsa a violência entre casais da esfera da justiça e submete os indivíduos às relações hierárquicas que caracterizam a família.

Durante muito tempo se usava a expressão "em briga de marido e mulher, estranho não mete a colher" para caracterizar a privatização de questões que o movimento feminista se empenhava em tornar públicas. Instituições como as delegacias da mulher são a prova mais evidente de que a justiça foi politizada, posto que são o resultado de uma intervenção política que buscou transformar em sujeitos de direitos grupos como as mulheres, que estavam, na prática, sujeitadas ao estatuto da dependência pessoal. As delegacias significam, portanto, um avanço na agenda igualitária e demonstram que há uma intolerância maior da sociedade brasileira em relação às atitudes, comportamentos e valores que pretendem levantar uma muralha entre o poder familiar e a sociedade. Contudo, o que se procurou mostrar é a hipocrisia social presente em propostas que, alegando buscar agilizar os processos ou responder à vontade da clientela que recorre às delegacias, de fato retiram da esfera da justiça a violência contra a mulher e jogam para a família a solução de conflitos que, sabe-se muito bem, ela é incapaz de resolver.

## Bibliografia

BIGGS, S. et al. *Elder Abuse in Perspective*. Buckingham/Philadelphia: Open University Press, 1995.

BROCKSON, S. O cotidiano na DDM – relatos de pesquisa de campo em São Carlos. In: DEBERT, G. G.; GREGORI, M. F.; PISCITELLI, A. (orgs.) *Gênero e distribuição da justiça: as delegacias de defesa da mulher e a construção das diferenças*. Campinas: Pagu – Núcleo de Estudos de Gênero da Unicamp, Coleção Encontros, 2006.

CORRÊA, M. *Os crimes da paixão*. São Paulo: Brasiliense, 1981.

\_\_\_\_\_. *Morte em família:* representações jurídicas e papéis sexuais. Rio de Janeiro: Graal, 1983.

DEBERT, G. G.; OLIVIERA, B. Os modelos conciliatórios de solução de conflitos e a violência doméstica. São Paulo, Anpocs, 2004, mímeo.

PISCITELLI, A. Delegacias especiais de polícia em contexto: reflexões a partir do caso de Salvador. In. DEBERT, G. G.; GREGORI, M. F.; PISCITELLI A. (orgs.) *Gênero e distribuição da justiça: as delegacias de defesa da mulher e a construção das diferenças*. Campinas: Pagu – Núcleo de Estudos de Gênero da Unicamp, Coleção Encontros, 2006.

RIFIOTIS, T. As delegacias especiais de proteção à mulher no Brasil e a "judicialização" dos conflitos conjugais. S/n, 2001, mímeo.

WERNECK VIANNA, L. et al. *A judicialiazação da política e das relações sociais no Brasil*. Rio de Janeiro: Renavan, 1999.

# CONFLITOS AGRÁRIOS: LUTAS E CORPOS NA TERRA

*José Vicente Tavares-dos-Santos*

Na sociedade brasileira atual, estamos diante de um paradoxo: como explicar a convivência da modernização capitalista – a expansão da inovação agropecuária e dos complexos agroindustriais, em um processo de globalização econômica – com a permanência dos conflitos agrários no Brasil, marcados por graves violações de direitos humanos? Como explicar a generalização da violência política, os assassinatos, as "mortes anunciadas", o "trabalho escravo" e o sofrimento humano? Vamos analisar a heterogeneidade das transformações sociais no espaço social agrário brasileiro, tanto pelo papel do Estado – as políticas de colonização de novas terras e de reforma agrária – quanto pelas ações coletivas no espaço agrário, por diversos agentes sociais que participam das lutas sociais pela terra: o processo de dilaceramento da cidadania e o vigor das lutas agrárias.

No período entre 1988 e 2005, manteve-se elevado o número de conflitos no campo, envolvendo conflitos de terra, ocorrência de trabalho escravo, conflitos trabalhistas e de outros tipos vinculados à seca, ao movimento sindical e à política agrícola. No período de 1988 a 2004, os conflitos pela terra apresentaram o seguinte panorama:

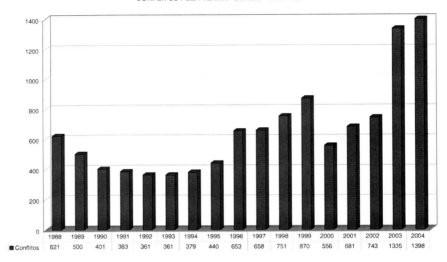

**CONFLITOS PELA TERRA - BRASIL - 1988 - 2004**

| Ano | 1988 | 1989 | 1990 | 1991 | 1992 | 1993 | 1994 | 1995 | 1996 | 1997 | 1998 | 1999 | 2000 | 2001 | 2002 | 2003 | 2004 |
|---|---|---|---|---|---|---|---|---|---|---|---|---|---|---|---|---|---|
| Conflitos | 621 | 500 | 401 | 383 | 361 | 361 | 379 | 440 | 653 | 658 | 751 | 870 | 556 | 681 | 743 | 1335 | 1398 |

Observa-se que houve três grandes fases na ocorrência de conflitos pela terra no Brasil:

- Redução relativa dos conflitos: de 1988 a 1990 (governo Sarney 1985-99); entre 1991 e 1995 (governo Collor 1990-91 e governo Itamar 1992-94);
- Aumento progressivo dos conflitos: nos anos de 1995 a 1999 (governo Cardoso 1995-98);
- Queda relativa dos conflitos entre 2000 e 2002 (governo Cardoso 1999-2002);
- Grande aumento de conflitos nos anos de 2003 e 2004 (governo Lula 2003-06).

Quanto ao número de famílias envolvidas em conflitos pela terra, verifica-se uma relativa semelhança em termos de fases:

- Um número médio de participação de famílias, de 1988 a 1995 (governo Sarney 1985-99, governo Collor 1990-91 e governo Itamar 1992-94);
- Aumento progressivo de famílias envolvidas em conflitos: nos anos de 1996 a 1998 (governo Cardoso 1995-98);
- Diminuição das famílias envolvida em conflitos: de 1999 a 2002 (governo Cardoso 1999-2002)
- Significativo aumento de famílias envolvidas em conflitos: nos anos de 2003 e 2004 (governo Lula 2003-06).

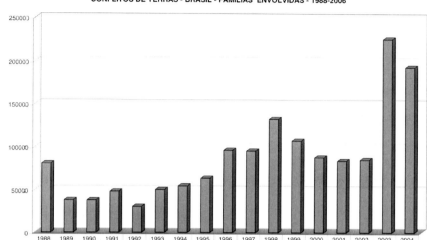

## As diversas faces da violência rural

Trabalhamos, desse modo, com uma tipologia da violência rural que parece ser útil para sua compreensão na sociedade brasileira. A primeira dimensão da violência, derivada do tipo de relação do homem com a natureza, configura-se como violência enquanto relação de estranhamento, a partir dos elementos do processo de trabalho e das dimensões simbólicas que necessariamente o acompanham no relacionamento humano com o mundo natural. Deparamo-nos, aqui, com a manifestação da violência ecológica, tanto em sua face de violência contra a natureza humana quanto em sua face de violência contra a natureza, degradando a fauna, a flora e o meio ambiente. Nesse caso, incluem-se os conflitos derivados dos efeitos da seca nos territórios nordestinos.

A segunda dimensão da violência agrária consiste na violência costumeira, a qual aparece na dinâmica das relações de dominação entre as classes e os grupos sociais incorporada às relações de trabalho desde o período escravocrata, tanto entre os escravos quanto entre os homens livres (Silva, 1999). Essa violência foi desnaturalizada pelos movimentos sociais – quilombos, movimentos messiânicos, bandidos sociais – que denunciavam a dominação violenta na sociedade escravista e pós-escravista.

O fenômeno da violência atinge algumas classes sociais mais do que outras, algumas etnias mais do que outras, as mulheres mais do que os homens. Em particular, atinge as crianças, de ambos os sexos, que, inseridas no processo de trabalho no campo, nas mais variadas regiões e participantes das sociedades locais, passaram a experimentar as mesmas condições sociais de seus pais. A produção social da exclusão produz um contingente de população que se caracteriza, escreve José de Souza Martins, por serem "crianças sem infância" (Martins, 1991).

As mortes em acidentes de transporte para o trabalho atingem principalmente as famílias de trabalhadores diaristas que recebem por tarefa, motivo da presença de crianças que vêm a completar o grupo familiar. A ocorrência de mortes em situações de trabalho escravo denota a brutalidade dessa relação de trabalho presente no quadro da modernização da agricultura brasileira. Finalmente, as mortes de crianças em acampamentos de colonos e trabalhadores sem-terra expressam a precariedade da vida dessas famílias em acampamentos de lona à beira de estradas e de fazendas.

Um outro aspecto da violência que envolve diversas categorias sociais dominantes é o "sistema de pistolagem": como afirma César Barreira, tal sistema envolve distintos atores sociais, expressando a vigência de um código de conduta, "o código do sertão", por motivos de disputas de terras, de conflitos de política local e regional ou de ordem passional (Barreira, 1998: 13).

A violência costumeira está presente em diferentes modalidades de relações sociais. Por outro lado, há a violência nas relações de trabalho, expressa pelo desrespeito às normas trabalhistas. O caso limite da violência nas relações de trabalho consiste na ocorrência do trabalhador "reduzido à condição análoga à de escravo, pela qual os trabalhadores são aviltados e reduzidos, praticamente, a uma coisa" (Câmara dos Deputados, 1991: 5), ocorrendo várias mortes nessas situações (Esterci, 1994).

Segundo a Comissão Pastoral da Terra – CPT (Comissão Pastoral da Terra, 2000), uma definição preliminar reconhece que o trabalho escravo é uma realidade bem concreta:

> os rostos humilhados de trabalhadores/as privados/as de sua elementar liberdade, mantidos/as em condições degradantes de trabalho por meios que os/as confinam, longe das vistas da sociedade, sob a prisão física e moral da dívida crescente, ou a chantagem da retenção de documentos ou de salários, ou o cativeiro violento da vigilância armada, quando não simplesmente do isolamento geográfico.

As atividades típicas da exploração de mão de obra escravizada são o desmatamento para abertura de fazendas e a formação e/ou limpeza de pasto. Isso resulta em certos critérios: prática do aliciamento, chantagem da dívida, impedimento de ir e vir, violência física ou psicológica, retenção de documentos ou de salários, características do trabalho escravo.

O trabalho análogo ao trabalho escravo significa uma relação de poder entre o empregador e o trabalhador marcado pela coerção física e também pela coerção simbólica, na qual aquela exerce um dano sobre a vida e a dignidade do trabalhador, configurando uma relação social de violência rural e de extrema vitimização de trabalhadores.

Trata-se de uma série de tecnologias de poder que se exercem sobre os homens com o fim de, ao mortificar os corpos, provocar um efeito de demonstração para silenciar, punir e docilizar os vivos; tecnologia de poder eficiente, alimentada pela impunidade, cuja crueldade se funda na violência física.

A violência política, por sua vez, expressa uma forma de dominação entre as classes sociais no campo com o intuito de resolver os conflitos agrários; é exercida principalmente por orientação de mandantes particulares e efetivada tanto por executantes individuais quanto por milícias privadas. Um dos traços marcantes dessa forma de violência consiste na liquidação física dos opositores nos conflitos fundiários, assassinatos de aspecto ostensivo com a impunidade dos mandantes e executores. Nesta forma de violência política, encontramos, por um lado, o Estado como agente de violência: a ação de membros da Polícia Civil e Militar, marcada pelas "mortes anunciadas", pelos assassinatos e pelas chacinas – de 1985 até 1996, ocorreram 33 chacinas na área rural, com 195 mortes, sendo as mais conhecidas o massacre de Corumbiara, em Rondônia, em 1995, e o de Eldorado dos Carajás, no Pará, em 1996 (Comissão Pastoral da Terra, 1993: 6). Por outro lado, uma parcela dos membros do Poder Judiciário detém responsabilidade pela generalização da violência no campo: primeiro, a emissão de títulos em áreas de posse, pois "a maioria dos latifundiários não possuem sequer posse direta, com títulos falsos e, muitas vezes, inexistentes. Em muitos casos, os próprios cartórios registram imóveis sem levar em consideração a posse legítima, via usucapião, por parte dos lavradores" (Câmara dos Deputados, 1991: 6). Um segundo elemento diz respeito à falsificação de títulos e "grilagem", na qual tanto estão agindo os falsificadores quanto são responsáveis os "oficiais de Registro de Imóveis, que coonestam esta prática" (Câmara dos Deputados, 1991: 6).

Um terceiro elemento diz respeito à decisão dos membros do Judiciário: "uma parte considerável dos juízes preferem conceder liminares de plano, ou seja, sem qualquer cautela, baseadas simplesmente na versão dos proprietários, que sustenta a sua posse em simples títulos dominiais" (Câmara dos Deputados, 1991: 7). Um quarto elemento diz respeito à omissão ou impunidade em processos criminais: entre 1985 e 2005, foram registrados 1.063 casos de assassinatos, com 1.425 vítimas (trabalhadores rurais, índios, advogados, religiosos e outros profissionais ligados aos movimentos populares no campo). Porém, somente houve 79 casos julgados, com a condenação de 15 mandantes e de 68 executores (Comissão Pastoral da Terra, 1999: 5).

Já a violência simbólica, outra forma de violência no campo, seria expressa por diferentes discursos: a produção de um discurso da colonização que gerava uma mensagem favorável às novas terras e, assim, induzia as populações a partirem; o discurso das ameaças de morte, das "mortes anunciadas" ou das "mortes juradas". Expressa-se, ainda, a violência simbólica pelo efeito de dissimulação ou de naturalização das relações de coerção, como se faz no âmbito das relações de dominação pelo "favor" que permeiam a sociedade agrária brasileira (Melo, 2000).

Em síntese, pode-se esboçar o panorama da violência no campo: trata-se de uma violência difusa, de caráter social, político e simbólico, envolvendo tanto a violência costumeira como a violência política. Está sendo exercida, com níveis de letalidade, contra alvos selecionados (contra os camponeses e trabalhadores rurais em luta); seus agentes são membros da burguesia agrária, fazendeiros e comerciantes locais que recorrem a "pistoleiros" e milícias organizadas. Também se registra a presença do aparelho repressivo estatal, com participação de funcionários das Polícias Civil e Militar. Enfim, as populações camponesas e dos trabalhadores rurais têm carência de acesso à justiça, resultando em uma perda de legitimidade de setores do Poder Judiciário em resolver conflitos ou para garantir direitos constitucionais, como o direito à função social da terra.

## As transformações na agricultura e vitimização

As análises sobre os processos sociais agrários na sociedade brasileira contemporânea revelam que as transformações da agricultura passam a sofrer os efeitos da formação da sociedade global. Por um lado, desenvolveram-se as agroindústrias e novas formas de agricultura contratual, com camponeses e agricultores familiares, e acentuam-se modificações no emprego rural, em particular com os agricultores pluriativos. Por outro lado, reproduz-se o poder social e político dos proprietários fundiários e da burguesia rural com várias estratégias de dominação, do clientelismo à violência. Delimitou-se, portanto, um campo de conflitos agrários no qual a proposta de reforma agrária aparece, uma vez mais, como possibilidade de aprofundamento da democracia na sociedade brasileira.

Para compreender a vitimização que ocorre nos conflitos de terra no Brasil, podemos nos valer de uma série de indicadores, como alguns dos produzidos pela CPT (base de dados da Comissão Pastoral da Terra, 1988-2003). Ao analisarmos os dados sobre os assassinatos ocorridos em conflitos de terra no período de 1988 a 2004, verificamos que houve uma primeira fase – entre 1988 e 1992 –, quando houve uma redução dos assassinatos no campo. Em seguida, houve uma fase de aumento, entre 1993 e 1996. Uma terceira fase, com nova redução de mortes, aconteceu de 1997 a 2000, com o menor número absoluto. Já entre 2001 a 2003, registrou-se um expressivo aumento dos assassinatos no campo, com redução quase à metade no ano de 2004.

CONFLITOS AGRÁRIOS

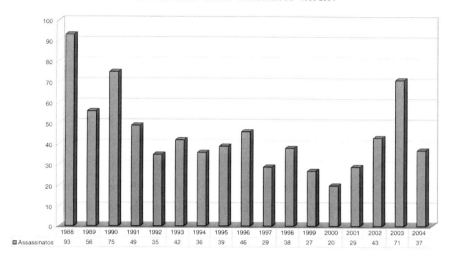

Tais acontecimentos se estendem por todas as regiões brasileiras, concentrando-se, no período recente, nas regiões Nordeste (principalmente em Pernambuco e Bahia), Norte (em particular, no Pará), no Centro-Oeste (no Mato Grosso do Sul e Goiás), havendo um deslocamento dos conflitos, desde 1997, para as regiões Sudeste (São Paulo e Minas Gerais) e Sul (Paraná).

Os atos de violência legal que vêm aumentando são referidos às vítimas de despejo judicial, entre 1988 e 1999.

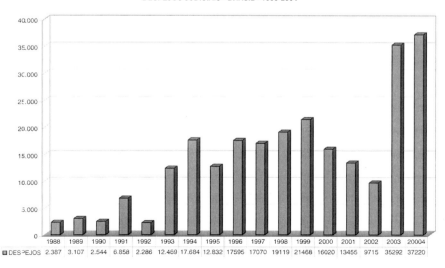

A segunda fase expressa uma redução de tais ameaças, entre 2000 e 2002. Já a terceira fase desenrola-se entre 2003 e 2004, quando há um enorme aumento dos despejos judiciais. Invocando a figura do "esbulho possessório", a decisão de juízes, em sua maioria, tem sido célere, quase sempre apelando ao direito absoluto de propriedade do Código Civil, em detrimento da consideração de todas as recentes Constituições Brasileiras, desde 1946, nas quais está incluído o direito de função social da terra. Verifica-se um movimento no sentido de transformar as lutas pela terra em um caso de justiça penal, uma "judicialização" da questão agrária no Brasil atual.

Podemos concluir que, durante o processo de modernização da agricultura brasileira, a propriedade da terra permaneceu não apenas como patrimônio econômico, como meio de produção, mas também como fonte do poder político. Trata-se de uma posição de poder que não aceita a transformação tecnológica da agricultura, mantendo largas áreas de terra como improdutivas. Estamos diante não só de uma larga concentração da propriedade fundiária como também de um tipo de uso da terra que a mantém improdutiva.

A luta pela terra consiste em uma luta política na medida em que foi em torno da propriedade e do uso da terra que se configurou um campo de conflitos agrários. Pode-se, por conseguinte, incluir o direito à terra como um dos novos direitos coletivos de quarta geração, afirmando a esperança do reconhecimento da dignidade humana de homens, mulheres, idosos e crianças de todas as etnias, que vivem nos espaços agrários brasileiros.

## As políticas de colonização e de reforma agrária do Estado brasileiro

O papel do Estado brasileiro no campo de conflitos agrários tem sido marcado pelo recurso às políticas de colonização de novas terras e pela implementação de projetos de assentamento de agricultores no quadro de uma política de reforma agrária.

No amplo período de 1927 a 2005, foram registrados pelos órgãos oficiais e informados pelo Incra cerca de 1,3 milhão de famílias instaladas em programas de colonização e em projetos de assentamento da reforma agrária (Incra – MDA). Somente entre 1985 e 2005, período da Nova República, foram assentadas 1.041.319 famílias em projetos de reforma agrária em todas as regiões brasileiras.

CONFLITOS AGRÁRIOS

**PROGRAMAS DE COLONIZAÇÃO E DE REFORMA AGRÁRIA - FAMÍLIAS ASSENTADAS - BRASIL - 1927-2005**

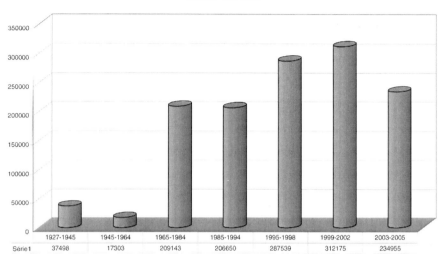

| | 1927-1945 | 1945-1964 | 1965-1984 | 1985-1994 | 1995-1998 | 1999-2002 | 2003-2005 |
|---|---|---|---|---|---|---|---|
| Série1 | 37498 | 17303 | 209143 | 206650 | 287539 | 312175 | 234955 |

Com o advento da Nova República e a promulgação do I Plano Nacional de Reforma Agrária, registrou-se um significativo aumento dos assentamentos de famílias de agricultores, em todas as regiões do país. Durante o primeiro ano do Governo Luís Inácio Lula da Silva, tivemos a promulgação do II Plano Nacional de Reforma Agrária.

**REFORMA AGRÁRIA - BRASIL - FAMÍLIAS ASSENTADAS - 1988-2006**

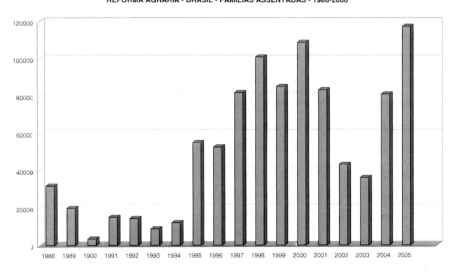

|133|

O quadro comparativo entre conflitos e assentamentos revela que onde há maior número de famílias em conflitos pela terra verifica-se um menor número de famílias assentadas, sendo a associação inversa também verdadeira. Quando houve um acentuado incremento dos assentamentos, acompanhando mais de perto a curva dos conflitos pela terra, revelou-se maior eficácia da política de reforma agrária em reduzir a violência no campo.

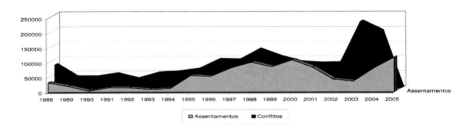

Houve um aumento dos conflitos motivados pela pouca capacidade política e administrativa do Estado brasileiro em incrementar os assentamentos (entre 1998 e 1994 e entre 2002 e 2003). Nas conjunturas em que houve um aumento do número de famílias assentadas – entre 1995 e 2001 e nos anos de 2004 e 2005 – ocorreu também uma redução no contingente de famílias envolvidas em conflitos e, ao mesmo tempo, uma expressiva evolução do volume de famílias envolvidas em ocupações de terra.

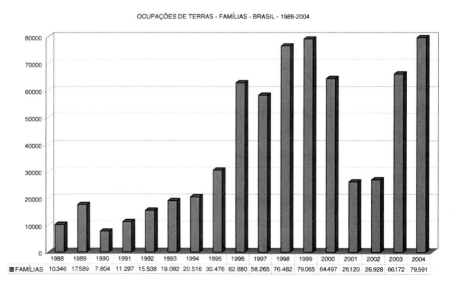

De 1988 até 1995, foi reduzida tal presença. Entre 1996 e 2000, o aumento foi enorme, revelando uma grande participação política dos vários movimentos de luta pela terra, sendo o Movimento dos Trabalhadores Sem Terra (MST) o mais expressivo, secundado pelos assentamentos organizados pela Confederação dos Trabalhadores na Agricultura (Contag), embora possam ser mencionados mais de uma dezena de movimentos locais e regionais que têm a luta pela terra como seu principal objetivo político.

Nos anos de 2000 e 2001, uma medida judicial do Incra proibindo a vistoria e expropriação de áreas ocupadas fez reduzir o número de famílias envolvidas em ocupações de terra. A Medida Provisória n. 2.027, de 4 de abril de 2000, impedia a vistoria de áreas invadidas e decretava seu "congelamento" por dois anos para desapropriação, e a Portaria n. 62 do ministério, de 27 de maio de 2001, estabeleceu a exclusão dos beneficiários da reforma agrária dos envolvidos em ações de invasões a propriedades ou a prédios públicos. Ocorreu, assim, novo processo de "judicialização" da questão agrária. Porém, o Governo Lula não tem aplicado tal medida, e o contingente de famílias em ocupações de terra praticamente duplicou, em 2003 e 2004.

Podemos observar um padrão estrutural da forma de resolução de conflitos agrários no Brasil no que se refere aos conflitos pela posse e propriedade da terra. Esse padrão segue a divisão regional do território brasileiro, sendo estruturado segundo a interseção de dois eixos: os conflitos pela terra e os programas de assentamento de agricultores.

Nas regiões Sul e Sudeste, verifica-se um alto número de lutas sociais pela terra percebido pelos conflitos – no estado do Paraná, em particular – e acampamentos de trabalhadores sem terra e por ocupações de terras – nos estados de São Paulo, Paraná e Rio Grande do Sul. Nas mesmas regiões, ocorre um alto índice de despejos judiciais, com ativa e imediata decisão de juízes por reintegração de propriedade da terra, embora no estado do Paraná também exista o exercício da violência contra a pessoa. Nesse mesmo estado, é expressivo o número de projetos de assentamento.

Na Região Nordeste, verifica-se um grande número de conflitos de terra – no estado da Bahia e do Maranhão, especialmente – e mesmo de violências contra a pessoa, contra a posse e a propriedade fundiária. Também as ocupações de terra são marcantes nos estados da Bahia e Pernambuco; ao mesmo tempo, há um expressivo crescimento dos assentamentos de reforma agrária nessas regiões, principalmente no estado do Ceará e Maranhão, sendo que este último destaca-se em termos do número de famílias assentadas.

Nas regiões Norte e Centro-Oeste, concentram-se os conflitos de terra – principalmente nos estados do Pará e Mato Grosso – contra a posse e a propriedade, mas há também os conflitos contra a pessoa, em particular os assassinatos. O estado do Pará concentra o maior número de denúncias de trabalho análogo à escravidão, localizadas na região sul desse estado. Os estados do Pará, Mato Grosso, Rondônia e Roraima apresentam um elevado número de famílias assentadas.

Podemos inferir, a partir dessa espacialização dos fenômenos de conflitos pela terra e dos fenômenos de assentamentos de camponeses pela reforma agrária, que existe, no Brasil contemporâneo, um processo de resolução de conflitos pela terra. Esse processo utiliza a instalação de famílias de agricultores em novas terras – nos estados do Maranhão, Pará, Roraima, Rondônia e Mato Grosso – para resolver a demanda pela terra que cresce no Sul e no Sudeste. Houve, certamente, um grande aumento de assentamentos na Região Nordeste, mas ali também se registram muitos conflitos.

Tal padrão de resolver a questão agrária tem sido motivado, em grande parte, pela enorme extensão territorial do país, a qual possibilita a estratégia de ocupação de novas terras. Também ocorreu a consolidação de médias e grandes propriedades fundiárias, tradicionais e modernas, e um expressivo crescimento do desemprego nas regiões metropolitanas brasileiras.

O Estado brasileiro, contudo, tem apresentado várias outras formas de reação aos conflitos agrários. Uma delas tem sido a criminalização da questão agrária com a decretação, pelo Judiciário, de prisões de trabalhadores envolvidos nas ocupações de terras, acusando-os de formação de bandos e quadrilhas. Tal processo de judicialização da questão agrária envolve, ainda, o uso indevido da ação possessória e a realização, quando das ocupações, do despejo em defesa dos interesses e dos privilégios dos latifundiários (Fernandes, 1999: 394). Essa posição social espaço-temporal configura tanto o existir enquanto camponeses como a cristalização de trajetórias de vários grupos camponeses diferenciados. Pode-se localizar uma das origens dos conflitos agrários nos deslocamentos espaciais das populações rurais: uma posição social de campesinato que se modifica, no espaço e no tempo, de modo permanente. O acúmulo dessas experiências conduziu a um processo exacerbado no qual a posição do camponês, mesmo subalterna, foi muito valorizada: o produto dessas diferentes estratégias resultou na modificação da posição de classes, sendo que, atualmente, os camponeses estão dentro da cena política brasileira. (Tavares dos Santos, 1993).

Trajetórias sociais marcadas por violências e por lutas configuram a atualidade dos conflitos pela terra, um espaço de socialização política e de luta pelo direito à terra, processos que revelam a atualidade da questão agrária no futuro da democracia brasileira.

## Bibliografia

BARREIRA, César. *Crimes por encomenda*: violência e pistolagem no cenário brasileiro. Rio de Janeiro: Relume Dumará, 1998.

CÂMARA DOS DEPUTADOS. Comissão Parlamentar de Inquérito destinada a apurar as origens, causas e consequências da violência no campo brasileiro. Relatório final: aditivo. Brasília, Câmara dos Deputados, 12 de dezembro de 1991.

COMISSÃO PASTORAL DA TERRA. Conflitos no campo – Brasil 1992: luta e sonho na terra. Goiânia: Loyola/CPT, 1993.

_____. Conflitos no Campo – Brasil 1998. Goiânia: CPT, 1999.

ESTERCI, Neide. *Escravos da desigualdade*: um estudo sobre o uso repressivo da força de trabalho hoje. Rio de Janeiro: CEDI/KOINONIA, 1994.

FERNANDES, Bernardo Mançano. A judiciarização da luta pela reforma agrária. In: TAVARES DOS SANTOS, José Vicente (org.). *Violências em tempo de globalização*. São Paulo: Hucitec, 1999.

MARTINS, José de Souza (ed.) *O massacre dos inocentes*: a criança sem infância no Brasil. São Paulo: Hucitec, 1991.

MELO, José Luiz Bica de. *Fronteiras abertas*: o campo de poder no espaço fronteiriço Brasil – Uruguai no contexto da globalização. Porto Alegre, 2000. Tese (Doutoramento em Sociologia) – Instituto de Filosofia e Ciências Humanas, Universidade Federal do Rio Grande do Sul.

SILVA, Maria Aparecida de Moraes. *Errantes do fim do século*. São Paulo: Editora da Unesp, 1999.

# REFORMA DA JUSTIÇA:
# OS CENTROS DE INTEGRAÇÃO DA CIDADANIA

*Jacqueline Sinhoretto*

Nas últimas duas décadas, o Brasil tem vivido um período de debates e experimentações sobre reformas das instituições de segurança e justiça. A Constituição de 1988 incorporou uma ampla carta de direitos de cidadania, criando a necessidade de mudanças institucionais que pusessem fim ao dilema, já histórico de nossa sociedade, do desencontro entre um sistema de igualdade formal e de garantias de direitos e uma realidade de incontáveis violações aos nossos direitos e à lei praticadas no cotidiano, até mesmo pelos agentes estatais.

A emergência da democracia trouxe uma vontade renovada de lutar por novas formas de assegurar os direitos recém-conquistados na prática. Os próprios agentes do sistema de segurança e justiça começavam a buscar meios de, através do seu trabalho, contribuir para a aproximação entre a realidade das pessoas que procuravam os seus serviços e a cidadania protegida pela lei. Várias iniciativas foram criadas e postas em prática. Uma delas, partindo de um grupo de magistrados, advogados, policiais e promotores, será aqui tratada.

Esse grupo de agentes do sistema de segurança e justiça compartilhava do duro diagnóstico de que a maior parte da população estava alijada do acesso à justiça e era atendida em serviços de segurança precários e desorganizados, em razão da ausência de investimento do Estado nas áreas mais pobres e distantes da cidade de São Paulo. O projeto por eles criado previa a instalação dos Centros de Integração da Cidadania (CICs) em bairros periféricos, onde seriam prestados serviços de segurança e justiça com um método e com uma linguagem capazes de reduzir as barreiras de confiança entre a população e os serviços, de modo que as pessoas se encorajassem a buscá-los e ali encontrassem respostas efetivas para assegurar seus direitos.

O projeto consistia, de um lado, numa proposta de reforma da prestação dos serviços de segurança e justiça, que passariam a ser descentralizados e integrados, não apenas por funcionarem no mesmo prédio mas por serem orientados por uma informalidade que permitisse o trabalho conjunto de diversos órgãos no sentido de resolver um conflito e assegurar a efetividade da cidadania para os envolvidos. Isso aumentaria a rapidez e a eficácia do sistema de justiça. De outro lado, o projeto pretendia a democratização das instituições judiciais e policiais, que passariam a operar conjuntamente a serviço de uma população antes excluída das possibilidades de recorrer a essas instâncias para resolver os seus problemas mais comuns. A criação do CIC tratava-se, assim, de uma reforma tanto da polícia como do Judiciário, que pretendia democratizar o acesso principalmente das pessoas mais pobres, realizando, para elas, os direitos e garantias assegurados na Constituição.

## O programa

O Centro de Integração da Cidadania é um programa da Secretaria de Justiça e Defesa da Cidadania do Estado de São Paulo, que teve seu primeiro posto inaugurado em 1996 no bairro do Itaim Paulista, no extremo da zona leste do município de São Paulo. A sua proposta é articular os diferentes órgãos responsáveis pela distribuição da justiça, da segurança, documentação, assistência social, assistência ao trabalho, moradia e outras parcerias que possam surgir localmente. Esses serviços são oferecidos nas unidades localizadas em bairros periféricos, visando a aproximar o Estado dos cidadãos e a fortalecer a confiança da população local nos órgãos estatais. Por ser uma experiência intersecretarial e interinstitucional, embute em si também uma inovação no gerenciamento dos órgãos estatais, normalmente fragmentados e dispersos. E inova ainda na gestão quando propõe a participação da sociedade civil num conselho gestor organizado em cada unidade (Haddad, Sinhoretto e Pietrocolla, 2003).

Para os idealizadores do CIC, a administração da justiça deve se fazer com o objetivo de oferecer solução pacífica aos conflitos, através de técnicas de mediação, e promover a inclusão social, através do reforço de redes de cidadania locais. Assim, mais do que instalar um equipamento público na periferia, a reforma proposta pretendia ser um mecanismo de assegurar que os direitos individuais e sociais tivessem sua efetividade garantida pelos agentes públicos no coditiano da população mais pobre da cidade. A filosofia da integração dos serviços procurava responder à satisfação rápida, eficaz e simplificada das demandas do cidadão, sem que ele tivesse que se deslocar a outros serviços, o que seria caro e desestimulante. O funcionamento do CIC, tal como idealizado, contrariava a organização típica dos serviços públicos, por isso sua implementação tem sido pontuada por dificuldades. De certo modo, o CIC acaba buscando concretizar propostas como a unificação das polícias, a informalização da justiça e a descentralização da administração pública.

Atualmente, existem cinco unidades inauguradas na capital e duas em municípios da grande São Paulo (Francisco Morato e Ferraz de Vasconcelos). Existem projetos do governo do estado para implantação em grandes cidades do interior e da região metropolitana. O programa também é apoiado pelo Ministério da Justiça, tendo sido também desenvolvido no estado do Acre, pelo Tribunal de Justiça, e pela prefeitura de Vitória, no Espírito Santo.

O CIC nasceu do projeto de aproximar as instituições e os profissionais de segurança e justiça da população da periferia de São Paulo, inicialmente idealizado por um grupo de penalistas (juízes, desembargadores, delegados, promotores e advogados) engajados na defesa da democratização do sistema de justiça. O objetivo do grupo era criar um programa de segurança pública para a população mais pobre. Partiam de um diagnóstico do profundo distanciamento existente entre o cidadão comum e as autoridades do sistema criminal, fato responsável pela desconfiança mútua. Propunham romper o ciclo da violência e da desconfiança nas instituições com a aproximação física dos serviços de justiça nos bairros mais distantes, mas também com a oferta de um serviço aberto a receber e solucionar os pequenos problemas dos cidadãos de forma rápida e descomplicada, evitando que eles se convertessem em grandes problemas.

Assim, cada unidade do CIC deveria ter um juiz, um delegado, um promotor, serviços de documentação e assistência social. Mas oferecer serviços ainda não era suficiente para que os objetivos dos idealizadores fossem cumpridos. Para aproximar a justiça e o povo, restabelecendo laços de confiança mútua, era preciso que os serviços oferecidos tivessem um caráter preventivo, e não repressivo. Pensavam que o tipo de polícia e de justiça adequado para essa aproximação não poderia resultar na repressão daquele cidadão que procurasse o serviço: o Estado tinha que estar disponível para a solução pacífica dos conflitos e não para reprimir a sua manifestação. Dentro dessa lógica, ficou estabelecido que, no CIC, estariam interditados os procedimentos comuns da repressão penal (indiciamento, prisões, processo criminal). A função dos juízes, dos policiais e dos promotores seria a de mediar a solução pacífica dos conflitos mais simples, evitando o recurso à justiça criminal e às prisões. Assim, no CIC, juízes e promotores atuam apenas em processos cíveis e os delegados e investigadores não instauram inquéritos, mas atuam na solução informal dos problemas do cotidiano. Todos os profissionais são orientados para buscar a conciliação entre as partes, usando técnicas de mediação alternativa de conflitos.

Dessa maneira, o CIC faz parte de uma política pública de segurança e acesso à justiça que privilegia formas alternativas de resolução de conflitos, com o objetivo de resolver as demandas cotidianas da população mais pobre das áreas com os maiores índices de violência da cidade, que põe em prática uma política criminal orientada para a despenalização dos conflitos mais simples e sua solução pela negociação entre as partes. Essa estratégia criminal é justificada por ser potencialmente muito mais eficaz na prevenção de delitos mais graves que poderiam ocorrer como desdobramento da ausência de intervenção do Estado.

## O trabalho da Polícia Civil em uma unidade do CIC

Durante a pesquisa que embasou as presentes reflexões, observou-se que o atendimento policial nos diversos postos do CIC não é padronizado, sendo o serviço policial mais ativo e constante no do CIC Sul, localizado no Jardim São Luís, zona sul da capital, onde não houve interrupção do atendimento desde a inauguração em 2001. Por isso, foi privilegiado para as análise subsequentes.

A presença da Polícia Civil no CIC é marcada pelo fato de ser a polícia a instituição do sistema de justiça mais conhecida da população dos bairros de periferia. Nas situações críticas, o telefone da polícia é logo lembrado para um pedido de socorro e intervenção. Muitas das pessoas que chegaram ao CIC para resolver questões de segurança tinham sido informadas do serviço pela Polícia Militar, outras tinham sido encaminhadas para lá pelo distrito policial do bairro.

O atendimento policial no CICs foi concebido como um serviço diferenciado para a solução de casos de menor potencial ofensivo. A diferença em relação ao atendimento em um distrito policial é que no CIC estes casos não concorrem com outros mais valorizados ou mais graves e, teoricamente, seriam sempre recebidos com atenção. Mas o fato de ser um serviço especial não significa que os policiais designados para trabalhar ali recebam treinamento especializado, não obstante o projeto de criação dos CICs prever tal capacitação.

A maioria dos casos recebidos pela polícia é de violência doméstica (58% dos casos observados durante a pesquisa no CIC Sul), sendo também comuns os casos de conflitos entre vizinhos (26%). Na violência doméstica, predominam as ameaças e agressões de homens contra suas esposas ou ex-cônjuges, mas também foram registrados casos envolvendo pais e filhos ou irmãos. Os policiais são majoritariamente homens que não receberam nenhuma capacitação especial para atender esses casos, cujas dinâmicas são muito peculiares em razão dos laços afetivos, financeiros e simbólicos que envolvem vítimas e agressores, mais complexos ainda quando existem filhos. O resultado disso é que o atendimento acaba sendo menos especializado do que aquele possivelmente oferecido numa Delegacia de Defesa da Mulher. Durante a observação dos atendimentos, curiosamente, os policiais do CIC não encaminham as mulheres aos serviços especializados, mesmo quando elas apresentam marcas de lesão corporal ou relatam a ocorrência de graves ameaças à vida.

As delegacias do CIC não fazem inquéritos, não registram ocorrências nem termos circunstanciados e não encaminham os casos para o sistema de justiça criminal nem para os juizados especiais criminais (exceto em Francisco Morato, não incluído na pesquisa, onde funciona uma Delegacia de Defesa da Mulher). Essa estratégia foi adotada porque o programa foi criado para oferecer formas alternativas de resolução de conflitos, como mediação e conciliação. Seria ele um espaço para o exercício daquilo que a cultura interna da corporação chama de *trabalho social* da polícia, por oposição ao tratamento clássico *repressivo*.

A opção por um tratamento *social*, ao invés de um tratamento penal, estaria justificada pela vocação do CIC para a prevenção da violência, isto é, ali seriam resolvidos os casos em que a violência estaria se prenunciando como desfecho e não aqueles em que já tivesse havido uma violação da integridade. Contudo, não há regra escrita que estabeleça essa fronteira. Nem há uma codificação sobre quais são os procedimentos a se adotar no atendimento policial. Sabe-se o que é interditado (o tratamento penal), mas não ficou estabelecido o que deve ocorrer para que os fins da política preventiva de violência sejam atendidos.

Essa lacuna na formulação dos procedimentos do trabalho policial na proteção da segurança das pessoas ameaçadas ou vitimadas pela violência doméstica ou de seus vizinhos curiosamente não impulsiona os policiais impedidos de desempenhar as funções clássicas de polícia judiciária a buscar novos conhecimentos e novas técnicas de atendimento dos casos e de tratamento das situações de violência. Aquilo que poderia parecer, à primeira vista, um trabalho atípico para profissionais treinados nas técnicas da investigação criminal, do inquérito, do indiciamento, da coleta de provas, apresenta-se aos policiais como uma tarefa já conhecida. Quando se deparam com um espaço de atuação não codificado, acionam conhecimentos e práticas policiais tão antigas na polícia brasileira quanto a própria corporação policial. Na literatura, esses conhecimentos e práticas foram estudados pela primeira vez no Brasil pelo jurista-sociólogo pernambucano Luciano Oliveira (2004), que deu a esses conhecimentos e práticas o nome de "funções judiciárias" da polícia. Ou seja, são os casos em que o próprio policial arbitra, julga e às vezes até pune.

Isso significa que o CIC, pensado para ser um programa inovador em que novas formas de atendimento à população seriam criadas e aperfeiçoadas, tornou-se, na prática, um espaço de trabalho ocupado por fórmulas de atendimento antiquíssimas e – o que é mais antagônico com o projeto idealizado – que não asseguram nem às vítimas nem aos autores de violência o acesso a um sistema de justiça norteado pela defesa dos direitos fundamentais assegurados no ordenamento jurídico.

Luciano Oliveira enfocou em seus estudos "as práticas de feição nitidamente judiciária (posto que existem partes, audiência de julgamento e decisões) exercitadas pela polícia quando confrontada com pequenos ilícitos protagonizados pelas classes populares" (Oliveira, 2004: 24), que verificava ocorrerem nos comissariados de polícia de Recife nos anos 1980, mas diversos outros pesquisadores comprovaram existir em praticamente todos os distritos policiais do nosso país. Trata-se de pequenos delitos, como ameaças, calúnias, difamações, agressões físicas e também casos de natureza cível, para os quais a polícia não aplica os procedimentos legais do inquérito a ser encaminhado ao Judiciário, mas um método próprio de resolução.

Através de procedimentos orais e informais, as funções "judiciárias" da polícia são desempenhadas sob a justificativa de tentar evitar que um delito mais grave seja cometido em decorrência de conflito inicial ainda de "baixo potencial ofensivo". Oliveira identificou três atitudes básicas assumidas pela autoridade policial para a resolução das situações: *retórica, ameaça* e *admoestação*. Na *retórica*, faz-se "apelo a valores éticos socialmente aceitos, como a família, a paz social – etc". Quando é mobilizada a possibilidade de aplicar o direito oficial, o que poderia resultar num indiciamento e numa possível prisão, trata-se de *ameaça*. "A admoestação refere-se a uma atitude marcadamente policial, caracterizada por palavras de descompostura dirigidas às partes." (Oliveira, 2004: 41-2). As três atitudes podem aparecer mescladas nas mesmas situações.

Oliveira argumenta que as funções "alternativas" da polícia são um reflexo da inacessibilidade do Judiciário: um espaço de regulação de comportamentos e condutas ocupado pela polícia na medida em que as decisões judiciais podem ser muito morosas. Mas não é só isso. Trata-se de uma prática social muito antiga e que encontra respaldo na população que procura a polícia. Já chegou a ser institucionalizada pelo Código Criminal do Império (1830), o qual previu a possibilidade de a polícia resolver os pequenos delitos e propor a assinatura de um "Termo de Bem Viver" ou "Termo de

Segurança", os quais ainda hoje são assinados diante das autoridades policiais, só que como uma atitude sem respaldo na lei.

Para ele, as pessoas que procuram a polícia desejam que o conflito seja solucionado naquela instância, de maneira rápida e informal, aplicando-se "um corretivo" ao ofensor. E há ainda um motivo estrutural que permitiria compreender a popularidade das práticas judiciais da polícia: a quantidade dos casos simplesmente inviabilizaria seu processamento pelos procedimentos legais do Judiciário.

> As práticas judiciárias da polícia são, a um só tempo, um escoadouro para pequenos delitos e, também, um coadouro a proteger o Judiciário de avalanche de pequenos casos que, se para lá dirigidos, certamente terminariam por afogar de vez esse Poder eternamente às voltas com uma endêmica asfixia (Oliveira, 2004: 50).

Para o historiador Marcos Bretas (1996), as funções informais da polícia apareceram num período em que a polícia era, de fato, a única instância estatal a quem a maioria da população poderia recorrer, daí o enorme prestígio da instituição. Se esse uso alternativo tem tantas vantagens, qual o seu problema?

O problema sociológico do uso alternativo da polícia como instância judicial está nos direitos de cidadania e no direito de acesso a uma justiça igualitária que se realize com estrita observância de outros direitos. As práticas policiais podem ser eficientes para pôr fim à queixa, mas são excessivamente dependentes do favor que presta o policial às partes e sempre sujeitas à violação de garantias individuais. Qualidade e a justiça social são o centro da crítica que é feita à resolução de conflitos na instância policial. A crítica lembra que o formalismo do direito oficial é – ou deveria ser – uma garantia, um direito.

Nos casos observados no CIC, assistiu-se a mulheres ameaçadas de morte serem dispensadas pela autoridade policial com uma intimação na mão que deveria ser entregue por elas aos seus agressores. Assistiu-se a mulheres serem orientadas a não usufruírem da sua liberdade sexual e da sua liberdade de escolherem um novo companheiro para dividirem suas vidas a fim de não "provocarem" um ex-marido ciumento que as ameaça. Assistiu-se a policiais sugerirem a mulheres ameaçadas de que a contrapartida necessária de permanecerem com a guarda de seus filhos era o celibato e a abstinência sexual. Os casos observados, embora tenham muitas diferenças entre si, parecem guardar em comum a mensagem de que não se pode ter uma cidadania plena: para ter direitos de maternidade assegurados, é preciso abrir mão da pretensão de igualdade diante das leis e de exercício da liberdade individual. A maior parte das mulheres atendidas pelo serviço policial do CIC Sul não manifestava satisfação com as respostas que recebia, porém, muitas cumpririam as orientações pelo fato de terem sido transmitidas pelos representantes da lei, buscados para dizer quem tinha razão naquela disputa.

Luciano Oliveira abriu a crítica às práticas "judiciárias" da polícia mostrando que essas implicam uma desigualdade de tratamento, em que alguns casos serão encaminhados às instâncias judiciais, sendo decididos com o respeito às garantias individuais e ao direito de ampla defesa, enquanto outros precisam ser resolvidos rapidamente, com soluções às vezes muito precárias, com a finalidade de proteger não os cidadãos ameaçados em sua integridade mas o sistema judicial. A visão de Oliveira encontra eco com a do antropólogo carioca Roberto Kant de Lima (1989), para quem as funções adjucatórias e punitivas da polícia são justificadas por uma cultura jurídica elitista que concebe a sociedade como um sistema hierarquizado, no qual apenas algumas categorias de pessoas teriam acesso ao exercício dos direitos e ao Judiciário, ficando reservados para as categorias inferiores os procedimentos policiais, vistos como mais adequados ao seu estágio evolutivo e ao tipo de vida que levam.

Kant de Lima (1994) aponta existir uma opinião comum de policiais, juízes e usuários de que o procedimento judicial formal também não é instrumento eficaz de resolução para os casos que envolvem disputas no interior das famílias, casos estes para os quais a informalidade do tratamento policial poderia ser mais eficiente. Entretanto, o autor descreve uma recusa sistemática da polícia em encaminhá-los, limitando-se a procurar diminuir a exaltação das partes e devolver o conflito à esfera privada. Quando aceita tratá-los, recorre a procedimentos de negociação e impõe a aceitação de acordos que seriam impossíveis para o Judiciário.

Por deficiências da legislação e da organização do sistema de justiça, a polícia fica, nesses casos, numa situação paradoxal: se resolve o caso por negociação, viola a lei; se cumpre a lei, pode frustrar a expectativa daqueles que a procuram como instância de resolução. E, assim, a arbitragem policial persiste como um procedimento aceitável para os casos em que se reconhece que a lei dificilmente seria aplicada ou para os casos em que a aplicação da lei ainda assim não solucionaria a disputa.

Para Marcos Bretas (1996), os próprios policiais consideram a atuação nos "pequenos conflitos" pouco relevante, por estar fora da esfera criminal – esse sim o verdadeiro trabalho de polícia –, embora conte com o apoio popular dos que não conseguem o acesso à justiça formal. Com o passar do século XX, a função de autoridade, mesmo competindo com a atribuição legal da polícia judiciária, parece realmente ter se consolidado através da tradição policial, reatualizando-se no cotidiano dos distritos policiais. E agora também nos CIC. Ela parece legitimar-se sempre na necessidade de proteger os tribunais dos "pequenos casos". Assim é que as principais pesquisas sobre a polícia no Brasil sempre apontam a existência de categorias de conflitos resolvidos informalmente pela própria polícia, de maneira rápida e ao largo da lei, como é o caso das "zicas" observadas por Guaracy Mingardi (1991), das "brigas de 'pinico'" conhecidas por Antonio Luiz Paixão (1982), da "feijoada" estudada por Paula Poncioni (1995).

Essa pesquisadora estudou o tratamento dispensado pela Polícia Civil do Rio de Janeiro ao que se chama de "casos sociais" ou "feijoada", na gíria policial. Os casos sociais, de natureza semelhante aos que deságuam no CIC, são tão frequentes nos plantões policiais quanto rechaçados pela cultura organizacional. A imagem negativa que têm esses casos para os profissionais dos distritos liga-se estreitamente com o *status* social da clientela que os protagoniza. Poncioni (1995) verificou que em muitos outros países a polícia presta serviços não criminais à população, mas a diferença que vê na cultura policial brasileira está na negação sistemática de acesso aos direitos individuais e sociais e a recusa ao tratamento igualitário dos cidadãos diante do Estado e das leis.

Isso significa que a democratização política e a nova Constituição trouxeram uma nova ordem jurídica de igualdade e de proteção social aos segmentos menos favorecidos da sociedade brasileira, porém continua a haver um tratamento diferencial oferecido pela polícia aos "pequenos" conflitos que não é pautado pela efetivação dos direitos de cidadania ou pelo cumprimento das leis e das garantias constitucionais. É como se a ordem jurídica não pudesse atingir as partes mais frágeis, as extremidades sociais, os plantões policiais menos valorizados, os bairros mais pobres. Essa parece ser uma situação que não se transforma com a mudança dos governos e nem com os melhores planos de reforma das instituições, como é o caso do CIC.

Os policiais que trabalham no CIC têm consciência das limitações e das distorções de seu trabalho. Não perdem uma oportunidade de manifestar a insatisfação com o que chamam de "estrutura de trabalho", reclamam que não são chamados a participar de cursos e de treinamentos. Sentem-se desvalorizados pelo programa e por sua própria organização, pois percebem que nenhum investimento é feito para o aperfeiçoamento de seus procedimentos. Reconhecem que a eficácia de seu método é precária e cobram de seus superiores atitudes para a reorganização de seu trabalho.

No contexto da democratização da sociedade brasileira, da luta social e política pela implantação de uma nova ordem jurídica pautada pela cidadania social, diversas experiências de reforma das instituições do sistema de justiça foram tentadas. Uma delas é o Centro de Integração da Cidadania, cujo objetivo era o de aproximar o Estado dos cidadãos comuns, sobretudo dos mais pobres, oferecendo soluções rápidas e eficientes para os seus problemas mais cotidianos, a fim de reduzir os índices de violência, melhorar a qualidade de vida e a confiança dos cidadãos nas instituições.

O modelo policial pensado para esse programa trazia uma proposta inovadora ao propor um espaço de atuação policial onde formas alternativas de resolução de conflitos pudessem ser exercitadas, privilegiando uma abordagem *social* do trabalho de polícia em detrimento da tradicional abordagem penal. Entretanto, essa atuação especializada não foi objeto de um plano de ação mais elaborado nem resultou num plano de capacitação dos agentes policiais para o desempenho de outra metodologia de atendimento ou para lidar com a complexidade das questões específicas com as quais lidam no cotidiano. Diante desse vazio, o espaço que deveria ser inovador foi preenchido com técnicas de arbitramento policial de conflitos tão antigas quanto a própria corporação e, por isso mesmo, impermeáveis aos novos valores de igualdade, cidadania social e garantias individuais.

Deixada à própria sorte, a mediação policial de conflitos facilmente realiza-se através de técnicas arbitrárias e da negação do acesso ao sistema jurídico, à ampla defesa, à proteção da integridade física, moral e até mesmo da vida. A opção de não encaminhar os casos atendidos para a justiça criminal tem significado a opção de devolver à esfera privada a resolução de casos em que mulheres, crianças e idosos são ameaçados e violentados, negando-lhes o acesso aos mecanismos públicos, pacíficos e igualitários de resolução de conflitos.

Assim, o CIC, que foi pensado como um programa de reforma da segurança pública e do acesso à justiça, torna-se apenas mais uma instância de triagem e mais uma porta de saída do sistema judicial. A mudança desse quadro depende da vontade dos gestores da política pública de prevenção da violência e dos gestores das instituições que fazem parte do CIC. Depende ainda da capacitação profissional daqueles que podem fazer a diferença na linha de frente dessa política. Depende, sobretudo, dos próprios policiais, que precisam acreditar serem agentes de um Estado de Direito que precisa ser implementado e defendido, a começar por eles mesmos.

## Bibliografia

BRETAS, Marcos Luiz. O informal no formal: a justiça nas delegacias cariocas da República Velha. *Discursos Sediciosos*: crime, direito e sociedade. Rio de Janeiro: Instituto Carioca de Criminologia, v. 1, n. 2, 1996, pp. 213-22.

HADDAD, Eneida G. M.; SINHORETTO, Jacqueline; PIETROCOLLA, Luci G. *Justiça e segurança na periferia de São Paulo*: os centros de integração da cidadania. São Paulo: Instituto Brasileiro de Ciências Criminais, 2003.

KANT DE LIMA, Roberto. Cultura jurídica e práticas policiais: a tradição inquisitorial. *Revista Erasileira de Ciências Sociais*, n. 10, v. 4, São Paulo: ANPOCS, jun.1989, pp. 65-84.

\_\_\_\_\_. *A polícia da cidade do Rio de Janeiro:* seus dilemas e paradoxos. Rio de Janeiro: Forense, 1994.

MINGARDI, Guaracy. *Tiras, gansos e trutas.* Cotidiano e reforma na Polícia Civil. São Paulo: Scritta, 1991.

OLIVEIRA, Luciano. *Sua Excelência o Comissário e outros ensaios de Sociologia Jurídica.* Rio de Janeiro: Letra Legal, 2004.

PAIXÃO, Antonio L. A organização policial numa área metropolitana. *Dados* - Rev. Ciências Sociais, v. 25, n. 1, Rio de Janeiro, 1982, pp. 63-85.

PONCIONI, Paula Mota. *A polícia e os pobres*: representações sociais e práticas em delegacias de polícia do Rio de Janeiro. Rio de Janeiro: UFRJ, 1995. (Dissertação de Mestrado).

# MEDO, VIOLÊNCIA E INSEGURANÇA

*Sérgio Adorno*
*Cristiane Lamin*

## Medo e sintoma social

Muitos brasileiros acreditam, certamente não sem motivos, que a agressão criminal é hoje mais frequente e violenta do que no passado. As sondagens de opinião pública têm mostrado que o crime se situa entre as mais importantes preocupações do cidadão comum. Cada um em particular tem uma história a ser contada. Já foi vítima de furto dentro do transporte coletivo, já foi assaltado em via pública, já teve sua residência arrombada, seus filhos já tiveram de entregar tênis e blusões à porta das escolas ou nos pontos de ônibus, seu veículo particular foi furtado ou roubado e encontrado, alguns dias depois, completamente transfigurado, sem motor, sem pneus, aparelho de som e outras peças de elevado valor no mercado de equipamentos usados. Quando não foi protagonista imediato desses fatos, ouviu falar com certa intimidade: a vítima foi o vizinho, o parente, uma personalidade pública, que se torna familiar através da proximidade no tempo e no espaço que nos proporcionam a imprensa escrita e a mídia eletrônica. O rumor não lhes é estranho. O crime avizinha-se.

Há também aqueles cujas histórias são mais dramáticas. Viveram durante certo período de tempo, por vezes até muito longo, com a vida em suspenso, submetidos a maus-tratos, confinados a cubículos sem poder ver, ouvir, falar. Muitos, após sofrido cativeiro, acabam libertados, desfecho que resulta de tensas negociações entre família e sequestradores. Nem todos, porém, têm o mesmo desfecho, culminando na morte da vítima.

Outros passaram pela experiência de terem sido vítimas de estupro, experiência dolorosa porque não raro subjetivamente acompanhada pela vergonha, humilhação, culpabilização e estigmatização. Casos mais graves envolvem homicídios cometidos com requintes de violência, sobretudo contra vítimas mais vulneráveis, como crianças e adolescentes. Vez ou outra, na imprensa e na mídia eletrônica, a opinião pública é sobressaltada com um desses fatos hediondos. Ora uma criança de rosto angelical, feições inocentes, semblante desprotegido, figura como vítima de bárbaro assassinato, ora um pai de família, trabalhador, honesto, respeitador das leis, é surpreendido ao estacionar seu veículo particular, mesmo dentro de sua residência ou prédio de apartamentos. Resiste ao assalto e acaba morto.

Fatos violentos como esses parecem cada vez menos distantes e improváveis de acontecer na vida do cidadão comum. Diariamente, notícias dessa ordem são veiculadas na imprensa escrita e na mídia eletrônica. As notícias disseminam-se com rapidez e cores muito fortes. Alguns cenários se repetem: em bairros elegantes e bem servidos por infraestrutura e serviços urbanos, cidadãos procedentes das classes altas e médias da sociedade são vítimas de furtos, assaltos, arrombamentos de residências e de veículos, homicídios. Seus autores, quase sempre cidadãos procedentes das classes populares. Nos bairros da periferia urbana, são os iguais se digladiando entre si. Nesses, o cenário é outro. O palco é constituído por habitações coletivas, mal amanhadas, precárias, ruas esburacadas, carentes de arruamento e de iluminação, caminhos tortuosos e fétidos.

Os protagonistas desse drama compreendem, via de regra, trabalhadores urbanos vinculados ao mercado informal: autônomos, empregadas domésticas, pequenos proprietários de bares, trabalhadores em oficinas mecânicas, barbearias, sapatarias, institutos de beleza e atividades congêneres, aos quais vêm se ajuntar desempregados e desocupados de toda ordem, inclusive, cidadãos já envolvidos com a delinquência.

O que mais causa impacto nas notícias veiculadas pelos meios de comunicação talvez não seja o conflito de classes ou a miséria em que se encontra imersa grande parte dos protagonistas. O maior impacto fica por conta do show proporcionado pela mídia: os textos que revelam a crueza dos acontecimentos, as fotos que não desmentem ninguém, o vídeo que capta a fala dos diferentes e desiguais, sejam vítimas, agressores, autoridades ou expectadores transfigurados em testemunhas. Nesse espetáculo, a violência da desigualdade social cede lugar ao relato minudente da violência intersubjetiva. Não há qualquer pudor na exposição de corpos mutilados, nus, desfigurados; não há o mínimo respeito pela privacidade dos cidadãos, cuja vida é devassada como se nela se pudessem ver com clareza os sinais de seu infortúnio: fala-se em uma vida eivada de vícios e de deslizes morais, mostram-se armas e instrumentos; descreve-se o *modus operandi* do agressor ou agressores, identificam-se situações de premeditação do crime.

Tudo, portanto, parece muito próximo. Inclusive as brigas entre quadrilhas que vitimam um sem-número de jovens em uma guerra que parece interminável. À medida que o crescimento e desenvolvimento das cidades borram as "tradicionais" fronteiras entre os bairros de classes populares e os bairros de classe média, tornando contíguas as favelas e os prédios de apartamentos recém-construídos no curso da especulação imobiliária dos anos 1970 e 1980, o crime também "entrou pela porta dos fundos" destes edifícios residenciais. Passou a frequentar o universo das classes média, seja através dos furtos e arrombamentos, seja através do investimento em esquemas profissionais de segurança interna, como portões, grades, guardas privados, circuito interno de TV.

Não há mais espaço para inocência. A nostalgia de uma cidade sem violência criminal esvai-se no passado. As imagens de pureza são substituídas pelas do perigo permanente e iminente. Nas conversas cotidianas, o assunto é recorrente. Nas casas, nas ruas, nos bares, nas festas, no local de trabalho, onde quer que a vida pulse, sente-se saudades do tempo em que se podiam deixar janelas abertas e portas destrancadas; as crianças podiam brincar nas calçadas e praças sem qualquer constrangimento que não fosse aquele decorrente das imposições de seus pais; namorava-se despreocupadamente à porta de entrada de residências e edifícios de moradia sem o risco de ser importunado por eventuais agressores criminais; circulava-se a pé, pelas ruas, à noite, com certa tranquilidade. Além do mais, havia a rádio-patrulha, cuja ronda noturna assegurava sonos ininterruptos e o sonho de uma vida cotidiana, se não feliz, ao menos um pouco mais livre do sobressalto inesperado da ofensa criminal. A polícia era uma instituição confiável, portadora de autoridade moral.

Em uma terra sem lei ou onde a lei se funda no emprego da força física que desconhece limites, as pessoas reagem. Fecham-se em suas casas, protegem-se com grades e muros, adquirem sistemas de segurança pessoal e seguros de toda espécie. Procuram viver no anonimato. Evitam circular nas "zonas de perigo", adotam precauções na vida cotidiana. Andam acompanhadas, dirigem com os vidros de seus carros cerrados, não conferem atenção a desconhecidos.

Algumas se armam. Ao menor sinal de perigo, apontam suas armas e chegam a acioná-las. Nesse clima de convivência social, não há solidariedade que se sustente. Ninguém se sente estimulado a socorrer quem quer que se encontre em situação de risco. O individualismo exacerbado é o traço mais característico desse modo de vida urbano. Na periferia das grandes cidades, esse cenário é ainda mais agudo. A proteção privada é assegurada pelos "poderosos" locais em troca de sujeição pessoal, silêncio, cumplicidade e complacência para com as regras firmadas como imperativos morais ao arrepio das leis pactadas, universalmente reconhecidas como válidas.

Sintoma de que algo de novo se passa nas profundezas do social, a cotidianidade do crime constitui o pano de fundo de um cidadão acuado, voltado para si próprio, carente de proteção, encerrado em seus próprios limites, incapaz de ver algo para além dos horizontes mais imediatos. *Enfim, um cidadão com medo.*

Este capítulo explora o argumento, presente em não poucos estudos, segundo o qual a dramatização da violência urbana está a dizer algo além do mero crime. Diz respeito à mudança de hábitos cotidianos, à exacerbação de conflitos sociais, à adoção de soluções que desafiam o exercício democrático do poder, à demarcação de novas fronteiras sociais, ao esquadrinhamento de novos espaços de realização pessoal e social, ao sentimento de desordem e caos que se espelha na ausência de justiça social, conforme sugere a antropóloga Teresa Caldeira (2000). Embora tendo como eixo as relações entre medo e criminalidade, o capítulo privilegia alguns recortes temáticos, como o lugar do medo na história do Ocidente, o medo diante de conjunturas de abruptas e profundas mudanças sociais, os sentimentos de medo e insegurança diante dos fatos violentos, medo e opinião pública, medo e segregação social.

## Medo, um conceito

Na língua portuguesa, medo é definido no *Dicionário Aurélio* como "sentimento de grande inquietação ante a noção de um perigo real ou imaginário, de uma ameaça; susto, pavor, temor, terror, receio". Embora nos dicionários especializados de Sociologia e Ciência Política não haja definições, pode-se dizer que, no domínio das Ciências Sociais e das Humanidades, esse sentimento traduz reações de retraimento, individual ou coletivo, diante de fatos, acontecimentos, situações ou contextos percebidos como ameaças ou agressões à integridade física, psíquica ou moral dos seres humanos, ao patrimônio privado ou público, à identidade dos grupos sociais, aos bens coletivos protegidos pelas leis, aos valores tidos como sagrados e dignos de respeito em comunidades e sociedades.

Essas reações de retraimento, sob o ponto de vista sociológico, apresentam algumas características. Primeiramente, as situações ou contextos percebidos como ameaças ou agressões variam no curso da história: são, nessa medida, construídos social e culturalmente. Os medos dominantes na história das sociedades que existiram no passado não são idênticos aos medos que hoje predominam nas modernas sociedades urbano-industriais. As reações também variam diante das revoluções, das guerras ou de processos de comoção ou crise social em face das catástrofes, dos desastres, dos ciclos agudos de fome e miséria, das ondas de crime e de violência interpessoal ou ainda durante abruptos processos de mudança social cujo significado e direção escapam da compreensão dos indivíduos neles envolvidos. Os diferentes grupos sociais também manifestam reações distintas diante de situações, igualmente distintas, de ameaça ou agressão: as mulheres em relação aos homens, os adultos em relação às crianças, os ricos em relação aos pobres.

Conquanto os sentimentos de medo sejam compartilhados coletivamente, as reações individualizadas podem ser de intensidade e alcances diferenciados. Diante das mesmas ameaças, alguns poderão reagir com manifestações de dor e sofrimento; outros com silêncio; outros ainda reagirão com violência e agressão. Por fim, se as reações têm origem subjetiva – ou seja, nascem de sentimentos tão profundos do indivíduo que parecem não ser compartilhados com nenhum outro ser humano – tendem a se tornar comportamentos padronizados e objetivos em uma sociedade determinada e em momento igualmente determinado de sua história, traduzindo a disseminação de preconceitos contra todos aqueles – pessoas ou grupos – responsabilizados pelas ameaças ou potenciais agressões.

O medo não é independente das suas formas de comunicação e de circulação. Não raro, o medo circula através de gestos, expressões corporais, imagens, símbolos, rituais, estéticas (literárias ou não), textos diversos. Frequentemente, essas formas estão encarnadas em estórias contadas de geração a geração, falas sobre fatos e acontecimentos, rumores, depoimentos, testemunhos. Não raro também contribuem para potencializar a insegurança e reproduzir a violência que traz subjacente às narrativas. Um exemplo significativo é a narrativa, boca a boca, transmitida entre os povos nativos e colonizadores das Américas, no início do século XIX, dos acontecimentos que tiveram lugar em Santo Domingos, antiga colônia francesa, hoje Haiti, em 1791. Revoltados, negros escravizados assassinaram impiedosamente parcelas substantivas da classe proprietária. Rapidamente, disseminou-se por toda a América Latina, Central e Sul sentimentos de pânico e terror, que cuidaram de reforçar os controles repressivos dos brancos contra os revoltosos para evitar a repetição daqueles fatos. Esses acontecimentos aparecem narrados, aqui e acolá, na literatura e no jornalismo em países como Cuba, Brasil e Argentina, entre outros.

É importante, por conseguinte, reconhecer que o medo resulta em consequências sociais e políticas. Para a filósofa alemã Hannah Arendt (1973), o que diferencia o mundo social do mundo natural é a qualidade humana do agir. Agir significa simultaneamente a capacidade de reflexão e de ação e, sobretudo, de criação e inovação. Entre as diferentes modalidades de ação, situa-se o poder. O poder é justamente a capacidade de agir em comum acordo, capacidade que se instaura em comunidades caracterizadas pela isonomia (isto é, a igualdade de todos e de cada um em particular perante as leis); pelo atributo dos iguais à condição de *civitas* (cidadão), ou seja, aquele que está habilitado para participar da vida política, para partilhar da direção dos negócios públicos; e, portanto, pelo direito a ter direitos ao gozar da liberdade política. O poder é a faculdade dos cidadãos de emprestar apoio às instituições. Por tudo isso, o poder exclui o emprego de meios violentos. Onde o poder prevalece, a violência está neutralizada. Sob essa perspectiva, o medo expressa justamente a incapacidade de agir; indica situações em que a liberdade política está cerceada. Nas sociedades modernas, o medo, frequentemente manipulado com fins de dominação política nos regimes totalitários e ditatoriais, bloqueia a possibilidade de vida social sob regimes democráticos. É por isso que, para essa filósofa, o oposto do medo é a coragem cívica, atributo das sociedades democráticas.

## O medo na história do Ocidente: o outro como inimigo

O medo é tema de um livro clássico de Jean Delumeau (1989), o qual mostrou que a violência vem sendo objeto de manipulação social e política há dois milênios. Desde a Antiguidade, sobretudo no Renascimento, a nobreza se valeu do medo como forma de sustentar seu poderio social e político. Segundo o autor, "esse arquétipo do cavaleiro sem medo, perfeito, é constantemente realçado pelo contraste com uma massa considerada sem coragem. Virgílio já escrevera: 'o medo é a prova do sentimento baixo'".

Carregado de vergonha e caracterizado como um sentimento baixo, o medo foi, ao longo da História, associado à plebe, sendo a coragem atributo próprio à nobreza. Apregoar o medo à plebe, ao passo que a coragem era um "dom" dos nobres, fazia crer que um "não nobre" jamais chegaria a se tornar um deles, não colocando em risco a nobreza. A ascensão burguesa ocorrida no final da Idade Média fez com que a exaltação à coragem dos nobres se tornasse ainda mais evidente. A nobreza, sentindo-se ameaçada, usufruiu o medo como uma insígnia para reafirmar sua condição social e a legitimidade de seu poder político sobre os demais.

Delumeau, ao centrar sua atenção na questão do medo entre os séculos XIII ao XVIII na Europa, constatou que as populações estavam mergulhadas em uma angústia profunda decorrente de um "acúmulo de agressões" que vinham se abatendo sobre elas: guerras internas, invasões, pestes, aumento dos impostos etc. Os "homens da Igreja" apropriaram-se dessa angústia, nomeando-a e classificando-a em medos concretos e tangíveis, a fim de sustentar os dogmas da Igreja. Criou-se a imagem do "outro" para temer. Foram considerados "inimigos" todos aqueles que fugissem aos preceitos da Igreja cristã, portanto, as pessoas que trabalhavam com magias, nomeadas pela Igreja de feiticeiras e bruxas, assim como os mulçumanos, os nômades, os bárbaros etc.

Na transição das sociedades pré-modernas para as modernas sociedades ocidentais capitalistas, no último quartel do século XVIII, os medos mudaram substantivamente. Como já demonstrado em inúmeros estudos historiográficos de autores tão diversos como Eric Hobasbawn, Michel Foucault, Robert Muchembled e Arlete Farge, o medo persiste sendo uma prática social que estabelece fronteiras sociais entre ricos e pobres, entre burgueses e operários. Mas, contrariamente ao passado recente, o medo dissemina-se sob múltiplas formas: medo do contágio social e moral entre os desiguais; medo das cidades, lugar atravessado por ruelas escuras ou avenidas largas ocupado por prédios muito altos, sede de uma circulação febril de pessoas e negócios, sítio por excelência do anonimato, da impessoalidade, do contato com estranhos e estrangeiros, das relações perigosas entre desconhecidos. É também o lugar privilegiado para a ocorrência de ilegalidades das mais distintas ordens, inclusive crimes violentos que se escondem sob o manto da impunidade. É nesse contexto que os folhetins e as colunas de *faits divers* da imprensa periódica se ocuparam largamente de contar histórias de bárbaros assassinatos, de roubos, de golpes de toda a sorte.

## Medo e transformações sociais

Chesnais (1981), estudioso francês da violência, evidencia uma série de transformações sociais ocorridas nas sociedades ocidentais desde meados do século XX que cooperaram para o aumento dos sentimentos de medo e insegurança. Entre os fatores influentes, ele destaca quatro: o aumento da delinquência, a racionalização de dispositivos de segurança, o progresso do espírito democrático e a própria redução das taxas de violência.

Quanto ao aumento da delinquência criminal, Chesnais chama a atenção para dois aspectos. Em primeiro lugar, o fato de que não houve um aumento real da delinquência, na Europa, se considerada a longa duração do tempo desde o século XIX; porém, houve um alargamento das práticas que passaram a ser penalmente classificadas como delitos. Ele sustenta que, com o crescimento da riqueza nessas sociedades, fruto do desenvolvimento da sociedade capitalista, é razoável esperar que tenham ocorrido mudanças nos padrões de delinquência e criminalidade, resultando na multiplicação dos regulamentos penais que regem a sociedade e protegem bens materiais e simbólicos. Certas ações que, em passado recente, não eram consideradas delitos, a partir do momento que passam a ser consideradas como tal pela justiça criminal estimulam percepções coletivas de que os crimes cresceram. É possível mesmo que as estatísticas oficiais de criminalidade apontem conclusões nessa direção, o que não é, sob qualquer hipótese, irreal ou fantasioso.

Um segundo aspecto ressaltado diz respeito à natureza dos crimes de maior incidência. Como se sabe, roubos e furtos, sobretudo de veículos privados, são os crimes de maior frequência. Trata-se de crimes categorizados como delitos contra a propriedade. Em nossas sociedades capitalistas, os bens enfeixados sob a forma de propriedade privada ou o patrimônio pessoal estão culturalmente associados à pessoa, não raro concebidos como uma extensão do próprio corpo e adstritos à esfera de intimidade própria de cada um em particular. Por essa razão cultural, são percebidos como fontes inquestionáveis de insegurança, daí por que a evolução desses tem impacto muito sensível no comportamento coletivo, que se vale de receios e cuidados, como evitar sair à noite com veículo particular, incrementá-los com acessórios de segurança (blindagem e os mais distintos alarmes).

O terceiro aspecto refere-se à racionalização de dispositivos de segurança. Chesnais sublinha que o homem moderno sente necessidade quase obsessiva de se proteger contra tudo que lhe pareça inseguro, inclusive contra o crime. Como tudo lhe parece inseguro ou motivo de insegurança pessoal, é natural que as pessoas queiram se proteger. Surge, entre o final do século XIX e início do século XX, o que François Ewald (1986), filósofo francês, identificou como "sociedades de segurança", em torno das quais é criada toda uma imensa e complexa maquinaria de seguros para bens ou serviços, o que tem como resultado suscitar sempre, mais e mais, demandas por proteção assim como lei e ordem. Nesse contexto, a segurança física se torna um direito e passa a ser considerada um objeto de desejo crescente a ser adquirido no mercado especializado, especialmente por aqueles que podem arcar com os custos decorrentes de sua cobertura.

Finalmente, Chesnais chama a atenção para a influência do progresso do espírito democrático. Para desenvolver seu argumento, ele se apoia nas contribuições do sociólogo alemão Norbert Elias (1990), autor de extensa obra da qual se destaca *O processo civilizador*. Elias demonstrou que as formas de agressividade — seu tom e intensidade característicos da vida na sociedade medieval —, sofreram uma acentuada inflexão no curso do processo de criação da moderna sociedade ocidental. No passado, nas sociedades medievais, a guerra, a pilhagem, a caça de homens e animais constituíam necessidades vitais cuja satisfação estava aberta à visibilidade pública. Nesse cenário, a crueldade e a alegria com o sofrimento, o tormento e a destruição de quem quer que fosse considerado inimigo compreendiam parte substantiva dos prazeres da vida. Tais prazeres eram vividos como provas de superioridade física. Não havia qualquer pudor em matar ou torturar, práticas socialmente toleráveis, aceitas e, não raro, valorizadas como imperativos morais. Tudo, portanto, girava em torno *de* e *para* a guerra: a socialização dos jovens habituados desde cedo a ter, por moradia, uma torre de vigia ou uma fortaleza e, por companhia, uma arma de ataque ou de defesa; a vida dos chefes políticos, confundida com a de um líder de bando armado; o *ethos* cavalheiresco sempre disposto a guerrear, o qual herdou a burguesia dos primeiros tempos um fascínio ímpar tal qual o gosto pelo dinheiro e pela acumulação da riqueza.

Por volta do século XVI, toda essa configuração histórica começa a mudar. Uma proliferação de recomendações morais sob a forma de escritos e de prescrições médicas estimula toda uma nova arte de educar crianças bem como de se comportar diante dos outros. Civilizam-se as emoções. Os instintos, anteriormente liberados de modo sem inibições, penetram uma era de controles moderados e calculados. Os tabus mergulham com maior intensidade no tecido da vida social. Padrões de economia dos instintos lentamente começam a se impor. À medida que se verifica o crescimento populacional e aumenta a circulação de bens e pessoas, a reserva, o recato moral e a "consideração mútua", características próprias do modelo contratual de organização societária moderna, inclinam as relações humanas em direção às formas pacificadas de socialidade e sociabilidade, nas quais as emoções são modeladas e submetidas a um rígido esquema de etiquetas.

Assim, a descarga de agressividade, representada por demonstrações cotidianas de violência física incontida, retrai-se, restringindo-se a certos enclaves temporais e espaciais. Não se podia mais livremente dar-se ao prazer dos ataques contra a integridade de quem quer que fosse. As justas entre adversários cedem terreno para lutas regulamentadas e institucionalizadas que reclamam o mais estrito controle das emoções. As justas transformam-se em espetáculo, que divide a plateia em jogadores e espectadores. Trata-se de uma transformação do que antes era comportamento ativo e agressivo em prazer passivo e mais controlado no ato de assistir.

Decisiva no curso desse processo foi a mutação significativa nas atitudes em relação à vida e à morte. Vida transforma-se em propriedade de muitos, complexo de energias naturais que se distingue da natureza através da cultura e que, por isso mesmo, deve ser preservada a qualquer custo. Daí o progressivo controle médico sobre a vida com vistas a dominar ou, ao menos, amenizar os efeitos deletérios e desconhecidos da morte. Daí também que não mais se possam ter, em relação à vida, as mesmas atitudes de desprezo cultivadas durante as justas. Não sem razão, vão sendo, pouco a pouco, desenvolvidas técnicas médicas e clínicas para contenção da dor que afastam o homem moderno do sofrimento físico.

Baseado nos argumentos contidos n'*O processo civilizador*, Chesnais conclui que a própria diminuição da violência coopera para o sentimento de insegurança, uma vez que "quanto mais um fenômeno desagradável diminui, mais ele se torna insuportável". Por isso, é uma armadilha pensar que o aumento do sentimento global de insegurança está associado ao agravamento da violência real. O discurso contemporâneo é mais que alarmista, é catastrófico, uma vez que está em toda parte: na linguagem, no cinema, na arte, na dança, na música, no esporte, contaminando, assim, todas as formas de expressão simbólica e, mais, apelando para a segurança privada. Quanto a esse aspecto, ele afirma que o apelo à segurança privada é para que se "venda bem o medo". Trata-se de apelo exagerado, pois "longe de favorecer uma prevenção lúcida, a vigilância entretém uma psicose de agressão que paradoxalmente aumenta o perigo".

Chesnais observa que "nossa sociedade nunca foi tão vigiada, fiscalizada e policiada como no fim do século XX". Ilustra essa observação com dados estatísticos segundo os quais a violência existente no século XX é, no mínimo, duas vezes menor que a violência ocorrida no século anterior. Como exemplo, cita a França, país no qual em 1980 a mortalidade violenta foi quatro vezes menor que na França de 1830; na Itália, cinco vezes menor que ao fim do século XIX; na Inglaterra e na Alemanha, duas vezes menor. No mais, observa ainda que a violência existente nestes países, exceto nos EUA, é, na sua quase totalidade, não criminal, e sim acidental ou suicidária. O que há, segundo ele, é uma mitologia da violência.

Esse autor sustenta que quanto mais um fenômeno desagradável experimenta retração mais é percebido ou vivenciado como insuportável; logo, toda a diminuição da violência é acompanhada de uma exacerbação de sensibilidade que agrava o sentimento de insegurança. Portanto, interpretar o impulso do sentimento de insegurança em termos de um crescimento da violência objetiva é não somente ilusório como mistificador.

## Do sentimento subjetivo de insegurança ao risco objetivo

Os primeiros estudos sobre o medo relacionado à violência criminal surgiram na década de 1960, nos Estados Unidos, em decorrência da explicação dada pelas pessoas de que seus medos estariam associados à criminalidade. Incentivados pelo governo, esses estudos tentavam demonstrar a veracidade dessa relação. Um marco foi a Comissão Katzenbach, de 1967, ou Comissão Presidencial, que reclamava da falta de estudos sobre o medo do crime. Seguiram-se levantamentos realizados por institutos especializados em sondagens de opinião, como Harris, Galup, National Opinion Research Center e National Crime Survey, que buscavam mostrar que a maioria dos americanos acreditava ser vítima da violência. Cuidava-se de verificar se havia relação estatisticamente comprovável entre ter sido vítima de algum ato criminal e o sentimento de medo. Para tanto, buscava-se comparar duas séries de dados: por um lado, os dados extraídos das sondagens de opinião sobre medo e insegurança ou dos levantamentos de vitimização; por outro, dados relativos a estatísticas oficiais de criminalidade ou delinquência. Essa preocupação deu ensejo a uma série de estudos que buscavam analisar criticamente essas relações, explorando complexas questões conceituais e metodológicas.

Essa linha de estudos, cujas referências são citadas na bibliografia, espalhou-se por outros países, com preocupações mais ou menos idênticas, pois buscavam verificar se havia associação, direta ou mediada pouco importa, entre medo e criminalidade. Observando período de tempo menor do que Chenais e com base na análise de estatísticas oficiais, Lagrange (1995) e Roché constataram aumento real da criminalidade na França desde os anos 1960, tendência que conheceu estagnação a partir do final da década de 1980. No entanto, a despeito da estagnação, o crime se tornou preocupação crescente da população. Eles sugerem que, embora a delinquência tenha aumentado na França se consideradas as últimas três décadas em seu conjunto, o medo não está vinculado somente ao crime e ao risco de vitimização. Através da análise de sondagens de opinião, as quais vieram se tornando periódicas e sistemáticas naquele país desde meados da década de 1980, eles constataram a existência de outras motivações para o sentimento de medo e insegurança: as incivilidades e a presença do estrangeiro.

Por incivilidades, os estudiosos franceses referem-se a comportamentos que perturbam certas formas de reciprocidade nas relações sociais, aceitas e esperadas diante de determinados ambientes – como são o doméstico, o familiar, o profissional –, ou frente a certas situações – como aquelas características do contato entre pessoas pertencentes a grupos distintos (etários, de gênero, de etnia, de classe social, de situação civil) –, ou ainda em face de contextos específicos – como cerimônias institucionais entre autoridades e civis. Nesses ambientes, situações e contextos, uma série de etiquetas rege as relações entre as pessoas, caracterizadas por padrões de respeito, dignidade pessoal, deferência e distinção. Essas etiquetas regulam a proximidade e distância entre os corpos, estimulam a suavidade dos gestos e a polidez no emprego de palavras e termos, recomendam discrição nos comportamentos, como falar baixo e pausadamente, não recorrer às agressões verbais contra quem quer que seja etc. Trata-se de uma economia moral própria do processo civilizatório moderno, conforme descrito anteriormente a partir da sugestiva análise de Norbert Elias (1990).

Ora, as incivilidades representam justamente a ruptura dessa constelação de etiquetas e de recato moral. O elenco de incivilidades, tais como descritas nas sondagens de opinião, incluem grafitismo, vandalismo, depredação de prédios e residências, bem como de veículos estacionados nas vias públicas, excesso de barulho, presença de adolescentes em bandos ou circulação pelos bairros de pessoas consideradas moralmente indesejáveis em virtude de seu vestuário, de seus gestos, de seus hábitos, como alcoolismo e consumo de drogas. Tudo isso é visto como a introdução de rupturas no processo civilizatório, gerando incertezas quanto ao futuro e estimulando manifestações de medo.

Outra fonte de insegurança é a presença do migrante estrangeiro. A sociedade francesa sempre foi considerada acolhedora. Berço da tradição dos direitos do homem e do cidadão, da Revolução Francesa (1789), essa nação sempre viu com bons olhos a presença, em seu território, de migrantes procedentes de países de todos os continentes, de todas as culturas e etnias. Foi assim, por exemplo, quando a crise do Império Austro-húngaro fez eclodir a Primeira Guerra Mundial e expulsou do Leste europeu consideráveis levas de emigrantes. Foi igualmente o que se passou durante a Segunda Guerra Mundial, quando a expansão do nazismo obrigou gerações de judeus, perseguidas no mesmo Leste europeu, a migrarem em direção à Grã-Bretanha, aos Estados

Unidos e à América do Sul, não sem antes passarem pela França, pelo menos antes da ocupação alemã e do governo de Vichy. A França recebeu na década de 1960 vagas de migrantes magrebinos, especialmente fugidos da Guerra da Argélia, além de outros migrantes expulsos de seus países de origem em virtude de processos de independência de ex-colônias africanas. Durante a vaga de ditaduras na América do Sul, nas décadas de 1970 e 1980, recebeu comunidades de brasileiros, argentinos, chilenos, uruguaios, entre outros.

Essa tradição, contudo, manteve-se tão somente quando não estiveram em causa os valores republicanos, baseados no universalismo, na cultura laica e no princípio moral de obediência às leis do país acima dos dogmas e hábitos das comunidades de origem. Vez ou outra, quando esses princípios republicanos pareceram ameaçados, fortes ondas de preconceito contra os estrangeiros se fizeram perceber. Mais recentemente, com o agravamento dos conflitos étnico-religiosos em território francês, a xenofobia se fez fortemente presente, despejando sobre o migrante pesadas cargas de preconceito e de medo de contato entre nacionais e estrangeiros, como se fossem contaminados por impurezas. Nas sondagens de opinião, migrantes estrangeiros são, frequentemente, responsabilizados pelas desordens da sociedade francesa. No imaginário coletivo, são aqueles que não têm lugar próprio e nem identidade definida, não lhes sendo atribuídas razões para compartilhar valores comuns à nação que os acolheu.

Porém, em outras sociedades, o medo do estrangeiro adquire outros rostos: os negros, os ciganos, os nativos, os migrantes regionais dentro de um mesmo país. Caldeira (2000), autora de um sólido estudo sobre as relações entre crime, cidadania e segregação social na cidade de São Paulo, chama atenção para o efeito que as *falas* do crime exercem na criminalização e discriminação de certos grupos, assim como as consequências do imaginário do medo e da insegurança para o futuro da democracia brasileira. "A fala do crime nunca abandona suas categorias preconceituosas, essas categorias a constituem. Associam o crime às favelas e denigrem os favelados, mas ao mesmo tempo reconhecem que os favelados que conhecem são trabalhadores" (Caldeira, 2000). A par da criminalização dos pobres, dos favelados, dos migrantes nordestinos, a fala do crime contribui para a disseminação do medo, para a deslegitimação das instituições de lei e ordem e, em contrapartida, para a legitimação da justiça privada. Referindo-se a um evento de ruptura – alguém ter sido vítima de uma ofensa criminal –, as narrativas do crime tentam "recriar um mapa estável para um mundo que foi abalado. Nessa medida traduzem ambiguidades: a divisão entre o antes e o depois acaba reduzindo o mundo à oposição entre o bem e o mal; o antes acaba virando muito bom; o depois, muito ruim" (Caldeira, 2000).

As falas do crime expressam igualmente o desejo de vida segura em espaços isolados, segregados da desordem social e diferenciados em relação aos perigos de contágio com os desiguais. Elas dão caução a uma nova configuração da cidade, que preconiza a construção de muros, facilita e justifica o deslocamento dos ricos para os enclaves fortificados e estimula a introdução de mudanças arquitetônicas nos espaços públicos rumo a padrões explicitamente não democráticos. As cidades, inclusive nos planos discursivos, deixam de ser aquilo que delas sempre esperou o mundo moderno: que fossem *locus* privilegiado do pluralismo cultural, da equalização social, da expansão da cidadania e da convivência democrática. As falas do crime expressam justamente o medo de viver a vida sob regimes democráticos que supõem tolerância e respeito às diferenças.

Pesquisas realizadas em países como Austrália (1996), Inglaterra (2000), Suécia (2001) e África do Sul (2002) apontam igualmente que a criminalidade não é o principal motivo que explica a insegurança vivida pelas pessoas, mas é a ela que as pessoas atribuem seus medos. Na Austrália, por exemplo, comprovou-se que as pessoas sentem muito mais medo do que o risco real que correm – sua insegurança, por exemplo, em relação a um determinado delito gira em torno de 30%, mas o risco real não ultrapassa 6%. As conclusões desses estudos acenam para a existência de outros elementos que acirram a insegurança sentida pelas pessoas.

Girlin e Sparks (2000), ao realizarem um estudo empírico em uma cidade de médio porte na Inglaterra, constataram que, por trás do medo do crime que as pessoas diziam sentir, havia em verdade profunda insegurança em relação às transformações sociais e morais que a modernidade trouxe em seu bojo: o anonimato, o desemprego, a perda do *status* social (sobretudo para muitos da classe média). A aparelhagem tecnológica de defesa contra assaltos instalada em muitos bairros da cidade estaria muito menos associada ao crime, mas a um mecanismo encontrado pelas pessoas para enfrentar suas inseguranças com relação à modernidade. Através desses aparelhos de proteção, assim como da exigência de mais policiamento no bairro ou apoio à segurança privada, as pessoas estariam delimitando o "seu lugar" em detrimento do "lugar dos outros". Com este apelo, segundo Garland (2000), as pessoas tentam reerguer a "arquitetura moral" do lugar, seu *status* social e sua distintiva "segurança estética". As conclusões extraídas dessa pesquisa são, portanto, de que muitos moradores vinculam as mudanças sociais e o declínio econômico ao medo do crime. O crime, segundo Girlin e Sparks, "opera como um complexo simbólico, nele se expressa de forma condensada um conjunto de ansiedades e conflitos".

As transformações sociais como causadoras do medo e da insegurança também foram postas em evidência por pesquisadores brasileiros nas décadas de 1980 e 1990. Segundo os estudos de Lúcio Kowarick e Clara Ant (1982), o medo e a insegurança que se acalentaram nos anos 1980 advêm menos da violência enquanto criminalidade e mais de uma violência estrutural que se espelha nas desigualdades de direitos, no desemprego, nos acidentes de trabalho, nas mortes por problemas de saúde. Esses autores não negam o aumento da criminalidade desde fins dos anos 1970, apenas chamam a atenção para o fato de que existem outras inquietações que assolam a população provocando-lhes um "medo difuso". Acreditam assim que, mesmo havendo uma redução substancial da criminalidade, "São Paulo continuaria sendo uma cidade marcadamente violenta na medida em que nela persistem condições socioeconômicas que danificam não só a qualidade de vida da maioria, mas, sobretudo, a própria vida de amplos segmentos populacionais".

Enfim, as sondagens de opinião permitem traçar quadros cognitivos de percepção subjetiva de insegurança, medo e dos grupos que mais se sentem ameaçados. Elas mostram que, por trás das manifestações de medo superficialmente associadas ao crime, ao criminoso e à criminalidade, o que essas manifestações deixam entrever é a ameaça de ver as rotinas da vida cotidiana perturbadas pelas incivilidades, pela presença do estrangeiro em seus diferentes matizes e pelas mudanças que incidem sobre as condições urbanas de vida em uma era de elevado apelo tecnológico por mais e mais segurança.

Por sua vez, as pesquisas de vitimização revelam outro escopo e alcance. As falas e narrativas do crime transitam da esfera subjetiva para o pleno objetivo. Em pesquisas realizadas na França, no início dos anos 1970, tornou-se claro que os medos não derivam de uma experiência de vitimização. Esses estudos notaram que a taxa de vitimização era influenciada pelo grupo etário, correspondendo a grandes diferenças de estilo de vida, a variações no período do dia e nos lugares de atividade. Os jovens saem muito mais à noite do que pessoas de idade mais avançadas e frequentam lugares onde a violência é mais presente, razão pela qual são as vítimas potenciais. Todavia, no que se refere ao grau de insegurança de sair à noite na vizinhança, os estudos constataram que as pessoas mais idosas eram aquelas que mais manifestavam insegurança e medo. Em termos percentuais, enquanto 16% dos homens em idade de 16 a 19 anos se sentiam inseguros de sair à noite na vizinhança, a porcentagem subia para 45% entre homens acima de 65 anos. Portanto, não havia relação entre vitimização e insegurança. Os jovens eram os mais vitimizados, porém, os mais velhos eram os mais inseguros. Lagrange (1995) concluiu que o fato de ser vítima – direta ou indiretamente – é um fundamento insuficiente para explicar as variações do medo de um indivíduo ao outro. A mesma pesquisa permite demonstrar que o medo do crime está associado ao que esse autor chama de "dispositivo corporal", isto é, a incapacidade física de pessoas mais velhas de reagir ao crime, se necessário for, ou de fugir para escapar justamente de virem a ser vítimas.

## Medo, violência mediática, opinião pública e política

O papel da mídia e dos políticos profissionais na fabricação de cenários de medo e insegurança foram igualmente objeto de atenção da literatura especializada. No que concerne à mídia eletrônica e impressa, não são poucos os que creem no poder dos *mass media* na disseminação e reprodução da violência. O relato cotidiano dos fatos, a exposição repetida dos mesmos acontecimentos, a narrativa em dias sucessivos de crimes espetaculares que causam comoções morais e penetram o imaginário coletivo povoando-o de medos contribuem para disseminar a crença de que a mídia é responsável pela disseminação e reprodução da violência, causando sensação de pânico e terror. Ademais, há também quem acredite que a exposição sistemática e cotidiana à violência e ao crime, veiculados por meio de fortes imagens, sobretudo na mídia eletrônica, influencia na educação dos jovens e em suas atitudes agressivas, na deriva mesmo de alguns adolescentes para a delinquência e para as incivilidades.

Pesquisas feitas recentemente na Suécia (2001), na África do Sul (2002) e nos Estados Unidos (2003) mostram a influência da mídia para potencializar os sentimentos de medo e insegurança. Em pesquisa realizada na Suécia por Felipe Estrada (2001), o objetivo foi o de comprovar se estava ocorrendo de fato um aumento crescente da violência juvenil desde meados dos anos 1980 como pregavam a mídia, os políticos, os acadêmicos e o público, gerando insegurança nas pessoas. Estrada constatou que os riscos reais não aumentaram, embora as pessoas se sentissem mais inseguras. Para chegar a essa conclusão, recorreu às estatísticas dos hospitais quanto ao número de pessoas que lá entravam por terem sofrido algum tipo de ferimento provindo de uma violência ou aos cadastros das pessoas que chegavam mortas ao hospital vítimas de assassinatos.

Ele constatou que, na década de 1980, período em que houve crescimento no número de ocorrências nas delegacias e quando se começou a falar demasiadamente do aumento da violência juvenil, não houve aumento do número de pessoas que tiveram necessidade de recorrer às unidades hospitalares. Ao contrário, no período anterior (entre os anos de 1968 e

1973) houve um claro aumento do número de pessoas que recorreram aos hospitais, vítimas da violência; pouco foi noticiado ou comentado, tendo sido menor o grau de insegurança. As causas encontradas por Estrada para o alarde estariam na mídia, com a mudança do tratamento dado à violência, bem como nas novas diretrizes tomadas pelas escolas em relação às infrações cometidas pelos alunos. Estrada verifica que a mídia, até o ano de 1985, publicava poucos artigos focando infrações praticadas por jovens. A partir de 1986, os jovens se tornam alvo de maior atenção. Uma nova imagem do jovem perpetrador foi apresentada: educado, emocional e imprevisível, tendo por intuito assaltar por diversão.

Uma segunda constatação foi obtida: nas escolas, até meados de 1980, as violências físicas de pouca gravidade eram resolvidas no próprio âmbito escolar; posteriormente, passaram-se a registrar nas delegacias todas as violências, inclusive o menor tipo de desordem. Isso se deveu a uma decisão, por unanimidade, segundo a qual a escola não deveria opinar no que constituiria uma ofensa menos grave comparativamente a outra. Essa decisão deveria ser deixada ao julgamento da polícia. As escolas tornaram-se, assim, um grande contribuinte para inflacionar as ocorrências oficiais, aumentando em 30% o número de casos relatados.

Na África do Sul, pesquisa realizada pelos Comaroff (2002) indica que, embora tenha ocorrido um aumento real da criminalidade após o período da Guerra Fria, a mídia teve um papel decisivo no aumento da insegurança sentida pelas pessoas, ao "aproveitar-se dos pesadelos da população e transformá-los em desejos". Textos como os criados por uma rádio de Joanesburgo para se promover continham a seguinte mensagem: "*You can take the car. Just leave the radio. 98.7 FM*". Em busca de um consumismo ardente, as propagandas misturavam "panaceia e pânico" para a comercialização de seus produtos, além de estigmatizarem os negros. Como isso se dava? Mostravam nos rótulos de seus produtos portas trancadas, cachorros vigiando portões comunitários e figuras pretas empunhando armas nas sombras (espécie de imagem que podia ser encontrada até mesmo em propagandas de pipoca e papel higiênico).

Barry Glassner (2003), ao estudar a cultura norte-americana, faz uma crítica ostensiva à mídia. Segundo ele, "entre as diversas instituições com mais culpa por criar e sustentar o pânico, a imprensa ocupa indiscutivelmente um dos primeiros lugares". Ao estudar o que ele chama de "cultura do medo" nos Estados Unidos, deparou-se com inúmeros medos manifestos pela população que, segundo ele, não existiriam em verdade. Glassner analisa tanto uma série de situações temidas, porém pouco significativas do ponto de vista estatístico, quanto outras com impacto profundo na sociedade, mas das quais pouco se fala e pouco se teme. Dentre os exemplos, estariam as mortes ocorridas no trânsito e mesmo os números de homicídios, um dos grandes temores nos Estados Unidos.

A mídia americana coloca em evidência o comportamento dos americanos no trânsito. Qualifica esse comportamento como "fúria no trânsito", isto é, motoristas estressados estariam matando por qualquer motivo ou, verdadeiramente, sem motivo racionalmente compreensível. Estatísticas mostram, todavia, que entre 1990 e 1997, das 250 mil pessoas mortas no trânsito, 218 mortes foram atribuídas a motoristas furiosos, o que equivale a menos de uma morte em mil, enquanto o ato de dirigir embriagado causa cerca de 85 vezes mais mortes (cerca de 17 mil contra 200), porém pouco ou nada se fala na mídia quanto a esse tema. Um outro exemplo diz respeito à queda das taxas de homicídio entre os anos de 1990 e 1998 em 20% no país; em contrapartida, o número de assassinatos nos noticiários das redes de transmissão aumentou 600%.

Para o bem ou para o mal, a mídia constitui um veículo de ressonância social. Certamente, a mídia não inventa ou cria os fatos violentos. Ela os veicula, traduzindo em grande medida a evolução da criminalidade e dos sentimentos de medo e insegurança. Porém, é igualmente certo reconhecer uma espécie de exacerbação da violência e das narrativas de crime, intencionais ou não, que respondem à acirrada competição entre as redes de transmissão por furos de reportagem e por capturar a fidelidade de suas audiências. Não menos certo é afirmar também que, no curso dessa competição mortal entre empresas noticiosas concorrentes, muitos editores inclinam-se a transmissões de tipo folhetinesco que insistem em uma sorte de dramatização da violência, em um combate inevitável entre o bem e o mal e em que ao bem é reservado o triunfo final coroado de glória e louvor. Quando isso acontece, é difícil separar a notícia de sua versão romanceada ou fantástica.

Outro veículo capaz de tornar o crime e a violência em espetáculo é a "instrumentalização" do medo operada pelos políticos profissionais, em especial durante as campanhas eleitorais. Nas mais diferentes sociedades, as campanhas eleitorais têm sido palco da polarização de posições em torno das políticas públicas de segurança. De um lado, alinham-se as posições que apostam em políticas distributivas, isto é, em políticas capazes de promover justiça social e respeito aos direitos humanos, inclusive para aqueles que cometeram crimes, foram processados, julgados, condenados à pena de reclusão. De outro, estão aqueles que defendem políticas retributivas, quer dizer, a contenção da criminalidade depende da aplicação de lei e ordem, em particular leis draconianas que tornem caro o custo do crime, desestimulando os criminosos e evitando a reincidência. Nesse debate cada vez mais polarizado, aqueles que apostam nas políticas distributivas tendem a ver o criminoso como vítima das injustiças sociais; em contrapartida, aqueles que apelam para demandas de mais lei e ordem tendem a conceber o bandido como um ser autônomo que faz uma opção moral pelo mal, construindo uma carreira no mundo do crime. Estes últimos têm tido mais êxito na manipulação dos sentimentos coletivos de medo e insegurança.

A "instrumentalização" do medo por parte dos políticos foi examinada em estudos realizados sobre medo e autoritarismo na América Latina. Segundo Balán (2002), os regimes autoritários responderam ao medo "se apropriando dele para justificar o controle policial e o uso arbitrário da força todos os dias, ele criou um clima de insegurança e caos", procedimento que abalou a reconstrução da democracia nestes países, pois esta esteve fundada "numa experiência diária de incertezas e ameaças e reforçadas pela falta de confiança na lei". A consequência das ditaduras foi o medo ter se tornado mais difundido na população urbana, legitimando a continuação de medidas e procedimentos arbitrários. O medo, que antes era associado aos comunistas, com o crescimento do crime urbano, se estendeu para todas as pessoas; qualquer um pode ser o inimigo.

Conforme se procurou sugerir neste capítulo, o medo em relação ao crime é objeto complexo porque implica múltiplos recortes teóricos, conceituais, metodológicos, analíticos e de perspectiva interpretativa. O medo do crime, expresso através das narrativas e das falas, das sondagens de opinião e das pesquisas de vitimização, diz respeito a sentimentos coletivos muito profundos, enraizados nos domínios mais recônditos da consciência e do imaginário coletivo, sobrepostos por camadas legadas de geração a geração pelo tempo histórico. Ele traduz o modo como lidamos, na contemporaneidade, com nossas angústias e incertezas, mas também com nossas crenças nas leis, na justiça, na ordem e na democracia.

## Bibliografia

ACKAH, Y. Fear of Crime among an Immigrant Population in The Washington, DC Metropolitan Area. *Journal of Black Studies*, v. 30, n. 4, 2000, pp. 553-73.

AREDNT, H. *Crises da República*. São Paulo: Perspectiva, 1973.

BALAN, J. Introdução. In: ROTCKER, S. *Citizens of Fear*: urban violence in Latin America. United States of America: Rutgers, 2000.

BARBERO, J. M. The City: between fear and the media. In: ROTCKER, S. *Citizens of Fear*: urban violence in Latin America. United States of America: Rutgers, 2002.

BOSCHI (org.). *Violência e cidade*. Rio de Janeiro: Zahar, 1982.

CALDEIRA, T. *Cidade de muros*: crime, segregação e cidadania em São Paulo. Trad. Frank de Oliveira e Henrique Monteiro. São Paulo: Ed.34/Edusp, 2000.

CHAUÍ, M. S. Sobre o medo. In: CHAUÍ, M. S. *Os sentidos da paixão*. São Paulo: Companhia das Letras, 1987.

CHESNAIS, J. C. *Histoire de la violence en Ocidente de 1800 à nous jours*. Paris: Edition R. Laffont, 1981.

COMAROFF, J. e J. Criminal Obsessions, after Foucault: postcoloniality, policing and the metaphysics of disorder. *Critical Inquiry* 30 (4), 2002.

DELUMEAU, J. *História do medo no Ocidente*: 1300-1800, uma cidade citiada. Trad. Maria Lucia Machado. São Paulo: Companhia das Letras, 1989.

ELIAS, N. *O processo civilizador*. Rio de Janeiro: Jorge Zahar, v. 2, 1990.

ESTRADA, F. Juvenile Violence as Social Problem: trends, midia attention and societal response. *British Journal Criminology*, n. 41, 2001, pp. 639-55.

EWALD, F. *L' État providence*. Paris: Fayard, 1986.

FERREIRA, Aurélio Buarque de Holanda. *Dicionário básico da língua portuguesa*. São Paulo: Folha de S. Paulo; Nova Fronteira, 1994-95.

GARLAND, D. (Rewiew) *Crime and Social Change in Middle England*: questions of order in a english town. Written by Girlin, I. e Sparks, London: Rouledge, 2000.

GLASSNER, B. *Cultura do medo*. Trad. Laura Knapp. São Paulo: Francis, 2003.

GOFFMAN, E. *Manicômios, prisões e conventos*. São Paulo: Perspectiva, 1974.

LAGRANGE, H. *La Civilité a l'epreuve*: crime et sentiment d'insecurité. Paris: Universitaires de France, 1995.

LOFQUIST, W. S. Constructing 'Crime': media coverage of individual and Organizational Wrongdoing. In: POTTER, G.; KAPPELER, V. *Constructing Crime*. S/n: Waveland Press, s/d.

MAXFIELD. *Explaining Fear of Crime*: evidence from the 1984 British crime survey. London: Home Office research and planning nit, paper 43, s/d.

RAMOS, S.; PAIVA, A. (org.). *Mídia e violência*: como os jornais retratam a violência e a segurança pública no Brasil. Relatório preliminar de pesquisa, Rio de Janeiro: CESeC, 2005.

REGUIELLO, R. The Social Construction of Fear. In: ROTCKER, S. *Citizens of Fear*: urban violence in Latin America. United States of America: Rutgers, 2000.

ROCHÉ, S. *Le Sentiment d'insecurité*. Paris: Universitaires de France, 1993.

_____. *Insécurités et libertés*. Paris : Seuil, 1994.

ROTKER, S. Cities Written by Violence. In : ROTCKER, S. *Citizens of Fear*: urban violence in Latin America. United States of America: Rutgers, 2000.

WEATHERBURN, D.; MAIKA, E.; LIND, B. Crime, Perception and Reality: public perceptions of the risk of criminal victimization in Australia. *Crime and Justice Bulletin*. NSW Bureau of Crime Statistics and Research, n. 28, may 1996.

ZALUAR, A. Violência e crime. In: MICELI, S. *O que ler na Ciência Social brasileira (1970 – 1985)*. São Paulo: Anpocs Sumaré, 1999, pp. 12-107.

ZAUBERMAN, R. La Peur du crime et la recherche. *Année Sociologique* 32, 1982, pp. 415-38.

\_\_\_\_\_. Les Victimes: étude du crime ou sociologie du penal. *Année Sociologique* 35, 1985, pp. 31-59.

\_\_\_\_\_; ROBERT, P. *Du côté des victimes*: un autre regard sur la délinquance. Paris: L'Harmattan, 1995.

# OS AUTORES

ANDRÉA SILVEIRA é doutoranda em Sociologia e Política pela Universidade Federal de Minas Gerais (UFMG) e pesquisadora do Centro de Estudos de Criminalidade e Segurança Pública (Crisp/UFMG).

BRÁULIO SILVA é mestre em Sociologia pela Universidade Federal de Minas Gerais (UFMG) e pesquisador do Centro de Estudos de Criminalidade e Segurança Pública (Crisp/UFMG).

CLÁUDIO BEATO é doutor em Sociologia pelo Iuperj e coordenador do Centro de Estudos de Criminalidade e Segurança Pública (Crisp/UFMG).

CRISTIANE LAMIN é graduada em Ciências Sociais e mestre em Sociologia pela Universidade de São Paulo (USP).

FIONA MACAULAY é professora de Estudos sobre Desenvolvimento do Departamento de Estudos da Paz da Universidade de Bradford, na Inglaterra. Foi professora do Instituto de Estudo das Américas (Universidade de Londres) e pesquisadora do Centro de Estudos Brasileiros (Universidade de Oxford) e do Secretariado Internacional da Anistia Internacional. Essa trajetória reflete suas principais áreas de pesquisa, que são: América Latina, principalmente o Brasil; políticas de gênero; reforma do sistema de justiça criminal (com enfoque na segurança pública e no sistema prisional); direitos humanos; influência da sociedade civil organizada na política dessas áreas; partidos políticos, especialmente o Partido dos Trabalhadores (PT); e governo local.

GUARACY MINGARDI é doutor em Ciência Política pela Universidade de São Paulo (USP). É diretor científico do Instituto Latino-Americano das Nações Unidas para Prevenção do Delito e Tratamento do Delinquente (Ilanud) e assessor de gabinete do procurador geral do Ministério Público do estado de São Paulo. Foi secretário de segurança do município de Guarulhos, em São Paulo.

GUITA GRIN DEBERT é pesquisadora do Núcleo de Estudos de Gênero da Universidade de Campinas (Pagu/Unicamp) e professora titular do Departamento de Antropologia da mesma universidade.

JACQUELINE MUNIZ, doutora em Antropologia, é professa adjunta da Universidade Cândido Mendes e membro do Grupo de Estudos Estratégicos da Coppe/UFRJ. Foi Diretora de Pesquisa, Análise da Informação e Desenvolvimento de Pessoal da Senasp, MJ, e Coordenadora de Segurança Pública, Justiça e Direitos Humanos do Estado do Rio de Janeiro.

JACQUELINE SINHORETTO é mestre e doutoranda em Sociologia pela Universidade de São Paulo (USP) e coordenadora adjunta do Núcleo de Pesquisas do IBCCRIM.

JOSÉ VICENTE TAVARES-DOS-SANTOS é sociólogo pela Universidade Federal do Rio Grande do Sul (UFRGS), mestre pela Universidade de São Paulo (USP), doutor de Estado pela Université de Paris – Nanterre, professor titular do Departamento de Sociologia e do Programa de Pós-graduação em Sociologia do Instituto de Filosofia e Ciências Humanas da UFRGS, pesquisador do CNPq, presidente da Associação Latino-americana de Sociologia (ALAS) e membro do Comitê Executivo da Associação Internacional de Sociologia (ISA).

LIANA DE PAULA é mestre em Sociologia pela Universidade de São Paulo (USP). professora da Faculdade Cantareira, assistente de direção da Escola para Formação e Capacitação Profissional da Febem/SP e pesquisadora associada do Instituto Brasileiro de Ciências Criminais - IBCCRIM.

MARIA FERNANDA TOURINHO PERES é médica, doutora em Saúde Pública pela Universidade Federal da Bahia (UFBA), pesquisadora do Núcleo de Estudos da Violência da Universidade de São Paulo (USP). Foi consultora da Organização Mundial de Saúde para coordenação do projeto "Violência por armas de fogo no Brasil".

PAULA MIRAGLIA é mestre e doutoranda em Antropologia Social pelo Departamento de Antropologia da Universidade de São Paulo (USP). Foi coordenadora do II Plano Municipal de Segurança de Diadema, no Instituto Sou da Paz.

## OS AUTORES

Paulo de Mesquita Neto é doutor em Ciência Política pela Universidade de Columbia, em Nova York, e pesquisador sênior do Núcleo de Estudos da Violência da Universidade de São Paulo (USP).

Renato Sérgio de Lima é doutor em Sociologia pela Universidade de São Paulo (USP), chefe da Divisão de Estudos Socioeconômicos da Fundação Seade e coordenador científico do Fórum Brasileiro de Segurança Pública.

Sérgio Adorno é coordenador do Núcleo de Estudos da Violência da Universidade de São Paulo (NEV-CEPID/USP) e professor titular do Departamento de Sociologia (FFLCH/USP).